내면 치유

지금 이 순간 나와 마주할 때 달라지는 것들

Lighter

내면 치유

지금 이 순간 나와 마주할 때 달라지는 것들

Lighter

융 푸에블로 지음
권혜림 옮김

불광출판사

"융 푸에블로는 이 시대에 진정 필요한 인물이다. 현대의 현자이자 길잡이다. 그는 이 책을 통해 내면의 조화를 찾는 일이 연민, 명료성, 이해를 기반으로 한 진보적인 사회를 만들어 가는 열쇠임을 보여 준다. 모두가 여러 번 읽어야 할 책이다."

- **빅스 킹** 선데이타임스 베스트셀러 『힐링의 시대(Healing Is the New High)』의 저자

"융 푸에블로는 연민을 원동력으로 삼아 치유하는 법을 가르친다. 독자들이 스스로를 더욱 깊이 이해하도록 이끄는 이 책은, 세상 안팎에서 영향력 있는 변화를 만들어 가는 데 도움이 되는 매우 공감적이고 지혜로운 책이다. 저자는 고통 속에서도 치유하는 법에 관한 중요한 커리큘럼을 만들었다."

- **네드라 글로버 타와브** 임상사회복지사(LCSW), 『나는 내가 먼저입니다』의 저자

"마음을 돌볼 필요가 있는 이들을 향한 아름다운 격려이다. 배우고 치유하고 행복을 찾고 소중한 이들에게 도움이 되는 법을 알려 준다."

- **잭 콘필드** 명상가, 『왓킨스』 선정 현존하는 영성 지도자 100인, 『마음이 아플 땐 불교심리학』, 『처음 만나는 명상 레슨』의 저자

"융 푸에블로의 말은 지워지지 않는 흔적을 남겼다. 그가 자포자기하는 마음과 벌인 투쟁, 연민 어린 자기 연결로 나아간 과정은 전 세계 수백만 독자에게 영감을 주었다. 겸손하지만 강력한 그의 가르침은 격동의 시대를 살아가는 우리가 반드시 갖추어야 할 능력, 즉 자기 자신과 다른 사람을 이해하는 능력을 최우선 과제로 삼도록 이끈다."

- **엘레나 브로워** 베스트셀러 『나를 연습하고 내가 되기(Practice You, Being You)』, 『집중의 기술(Art of Attention)』의 저자

"융 푸에블로는 반복되는 습관적인 반응에서 벗어나고, 현명한 성찰의 자유를 드러낼 수 있는 일상적인 수행과 대안에 대한 통찰을 제공한다. 이 책을 통해 우리는 마음을 앎으로써 사람을 변화시키고 사회를 변화시킬 수 있음을 알게 된다."

- 데이비드 시마스 오바마재단 최고경영자

"이 책은 과거와 미래의 무게에 짓눌리지 않고 자유로운 삶을 살아가기 위해 가벼워지기로 결심한 한 사람의 이야기이자 우리 모두의 이야기이다. 실용적인 가르침과 영감으로 가득한 책이다."

- 마크 하이먼 뉴욕타임스 베스트셀러 『페건 식단(The Pegan Diet)』의 저자

"융 푸에블로의 진귀하고 통찰력 있는 이야기는 과거를 내려놓고 앞에 놓인 더 가벼운 길을 찾도록 영감을 준다. 언제나 그렇듯 그는 설득력 있게 진실을 말한다. 이 책은 진정한 보석이다."

- 셸리나 아이야나 『나는 내 운명』의 저자

"아주 중요한 순간에 융 푸에블로는 내면으로 관심을 돌렸다. 그리고 면밀한 탐구를 통해 자신이 생각하고 살아가는 방식을 새롭게 구축할 수 있음을 배웠다. 그는 진정으로 자기 자신을 사랑하는 일이 가능하다는 걸 깨달았다. 이 책은 우리 역시 내면과 세상에서 평화를 찾을 수 있다는 희망을 보여 준다. 더불어 저자가 걸어온 치유의 여정을 통해 독자들에게 깊은 감동을 선사한다."

- 샤론 샐즈버그 『행복을 위한 혁명적 기술, 자애』, 『진정한 행복(Real Happiness)』의 저자

들어가며 12

1장   사랑은 악의를 품지 않는다 – 자애

자애란 무엇인가   24

정직함이 알아차림을 꽃 피운다   28

변화에는 고통이 따른다   31

자기 수용은 자기 만족이 아니다   33

진정한 사랑의 토대   34

자애와 치유는 함께 자란다   36

2장   마음의 질이 삶의 질을 결정한다 – 치유

치유는 지움이 아니다   51

명상의 힘   53

반응은 생각이 아닌 느낌이다   56

치유 너머 해방으로   60

단 하나의 길은 없다   61

3장　　**모든 것은 시작과 끝이 있다 - 내려놓음**

반응할수록 스트레스가 커진다　**69**

삶은 변화의 산물이다　**73**

무엇이 진짜 나일까　**77**

집착은 괴로움의 씨앗이다　**79**

세상에 나 같은 사람은 없다　**86**

내려놓음의 목적　**87**

내려놓음에 관한 오해들　**89**

4장　　**누구도 나를 대신할 수 없다**

나에게 맞는 수련법 찾기　**97**

5장　　**지금 이 순간이 혁명의 장소다 - 본성과 습관**

타고난 본성으로 들어가는 문　**109**

내 안에는 밝은 에너지가 흐른다　**112**

붓다와 예수의 자기 성찰　**114**

최고의 나로 거듭나는 비결　**115**

6장   치유는 도달이 아닌 과정이다 – 정서적 성숙

회피의 끝은 공허함이다   124

성숙한 삶을 위한 6가지 태도   126

차이를 위한 공간   132

직관의 묘미   134

인생은 매 순간 앞으로 흐른다   138

시련은 성숙을 위한 시간이다   139

7장   세상에 완벽한 사람은 없다 – 관계

이별이 말해 주는 것   145

사랑에도 치유가 필요하다   149

가까운 사이일수록 갈등이 생긴다   158

조화로운 관계를 위한 5가지 요소   161

의사소통은 관계의 뿌리다   165

오래 지속되는 우정의 가치   170

8장   빛을 누리려면 폭풍을 마주해야 한다

매일이 승리의 날일 수는 없다   178

포효하는 과거의 잔해들   181

'나'는 일시적이다   184

중요한 건 속도가 아닌 균형   188

사람은 저마다의 속도로 치유된다   192

9장   내가 변하면 세상도 달라진다

창의성의 원천, 알아차림과 현존 **200**

건강한 경계 설정 **202**

나의 어둠을 알아야 타인의 어둠과 함께할 수 있다 **207**

관습적 진리와 궁극적 진리 **208**

거대한 변화의 물결 **211**

10장   사회는 인간 내면의 총합이다

자아와 삼각형 사회 구조 **223**

본성과 원형 사회 구조 **224**

행복과 번영을 위한 과제들 **227**

앞으로 나아가야 할 길 **233**

인간은 서로를 필요로 한다 **234**

11장   세상은 간절히 변화를 바라고 있다

내가 할 수 있는 일 **245**

용기 있는 자가 영웅이 된다 **247**

무엇이 나를 위한 삶인가 **248**

나오며 **258**

●

나를 밝게 비추는 길을 선택하라

나를 깊이 아는 것이 옳은 선택이니

의심의 소리에 귀 기울이지 말고

용기를 내어 연결하라

'정상'이라는 생각에 사로잡히지 마라

쉬운 길은 아닐지라도

위대한 일에는 노력이 따르는 법

결심을 굳건히 하고

해야 할 일에 전념하며

진짜 나의 모습에 기대어라

●

깊은 고통을 경험하고도

여전히 다른 이들에게 온화한 사람들

비록 충분히 인정받지 못할지라도

이처럼 자신에게 일어난 힘든 일을 이겨 내는 것은

영웅적인 일이다

이 모든 역경에도

괴로움을 내려놓고

열린 마음으로 살아가는 것은

세상에 주는 커다란 선물이다

도박 같은 삶을 끝내다

바닥에 누워 두려움과 후회의 눈물을 흘리면서, 처음으로 나는 잠재력으로부터 얼마나 멀어져 왔는지 그리고 약물이 어떻게 내면의 슬픔을 다루려는 노력을 방해해 왔는지를 예리하게 바라보았다. 나는 위험할 정도로 몸과 마음을 몰아붙이면서 스스로를 너무 멀리까지 밀어냈다. 2011년 여름, 도피와 쾌락을 좇아 맹목적으로 몰두하던 또 한 번의 밤이 지나고 터져 버릴 듯 쿵쾅대는 심장을 움켜쥔 채 나는 바닥에 쓰러졌다. 겨우 스물세 살의 나이였지만 심장마비가 왔음을 직감했다. 죽음이 두려웠고, 이 지경에 이를 때까지 스스로를 방치했다는 게 창피했다. 불현듯 보스턴 청소년 단체에서 활동했던 10대 시절이 떠올랐다. 어려움에 부딪힌 사람들이 본연의 힘을 되찾고 진정한 변화를 끌어내도록 돕는 단체에서 일하고 있음이 얼마나 큰 기쁨이자 자양분이었는지가 떠올랐다. 어쩌다 나는 길을 잃게 되었을까?

처음에는 그저 즐기려는 마음이었다. 잘 통제하고 있었고 계속 그럴 수 있으리라 믿었다. 그러나 어느새 그것은 나 자신과 마주하는 시간을 회피하는 수단이 되었다. 나는 고통을 잊고 숨기기 위해 약물을 남용했다. 내면의 슬픔과 불안이 관심을 가져 달라며 애원하고 있었지만 내가 할 수 있는 일은 외면하는 것뿐이었다. 나는 점점 더 감정에 주의를 기울이지 않게 되었다. 이러한 경향성이 마치 벽처럼 앞을 가로막고 서서, 약물이 장기적으로 내 삶과 행복에 어떠한 영향을 미칠지 판단하지 못하게 만들었다.

나는 마음속으로 부모님을 떠올렸다. 그들이 나를 위해 얼마나 많은 희생을 치러야 했는지, 우리 세 남매의 행복을 위해 얼마나 힘들게 일해 왔는지, 그들이 보여 준 헌신과 용기를 생각했다. 우리 가족은 내가 네 살 때 고향인 에콰도르를 떠나 미국으로 이주했다. 이민자가 되어 보스턴이라는 새로운 도시에 정착하기 위해 애쓴 시간들은 가족 모두에게 크고 작은 흔적을 남겼다. 길게 보면 미국으로의 이민은 옳은 결정이었지만, 처음 10년간 우리 가족은 가난이 주는 극심한 압박을 감내해야 했다. 가난은 우리 가족을 거의 망가뜨렸다. 생계를 유지하는 것만도 기적일 정도였다. 어머니는 남의 집 청소부로, 아버지는 슈퍼마켓 잡일꾼으로 일하며 엄청난 스트레스 속에서 매일 전쟁 같은 시간을 보내야 했다. 방 두 칸 딸린 작은 아파트에서 우리는 늘 가난에 쫓기고 쪼들리며 살았다.

나는 바닥에 누운 채 생각했다. '이렇게 죽고 싶지 않아. 부모님을 실망시키고 싶지 않아. 나를 위해 지금껏 자신을 돌보지 않으며 열

• 내면 치유 •

심히 살아오셨는데, 이렇게 죽어 버리는 건 그분들에게는 정말로 끔찍한 일일 거야. 살아야 해. 어떻게든 살아서 부모님에게 보답해야 해.' 그렇게 쇼크 상태에 빠진 채 두 시간 정도를 꼼짝달싹하지 못하고 누워 있었다. 후회와 감사 사이를 오가며 얼마나 간절히 살려 달라고 기도하고 애원했는지 모른다. 다른 사람을 도우며 살리란 의지를 서서히 잃어 갔던 것에 대한 후회, 내면의 고통을 해소할 건강한 방식을 찾아내지 못한 것에 대한 자책, 힘든 여건에도 나를 포함한 세 남매를 뒷바라지해 준 부모님의 한결같은 사랑에 대한 감사, 무엇보다 자기 삶을 버려 가며 내 미래를 위해 애써 준 부모님의 희생에 대한 고마움과 미안함이 물밀듯이 밀려왔다. 다시 시작하고 싶은 강한 끌림을 느꼈다.

후회와 감사의 시간을 오가는 동안 몸 안에서 다시 생명의 불씨가 타올랐다. 몇 시간이 지나자 격렬하게 뛰던 심장이 차분해지기 시작했고, 당장이라도 끝나 버릴 것 같던 두려운 느낌도 조금씩 사라졌다. 삶의 끈을 놓지 않으려 애쓰느라 온몸의 기운이 다 빠져 버렸지만, 나는 다시 몸을 일으켰다. 내게는 한 가지 분명한 목표가 생겼다. 그날 나는 가지고 있던 진통제를 모두 버렸다. 감각을 무뎌지게 하던 짓을 관두고 더 나은 삶으로 돌아가기 위한 긴 여정을 떠나기로 마음먹었다. 더 이상 감정을 회피하려 목숨을 거는 도박 같은 삶을 살지 않기로 했다. 약을 끊고 나 자신에게 근본적으로 정직해지는 연습을 시작하기로 했다.

나는 내면에서 무슨 일이 일어나고 있는지, 어쩌다 해로운 중독에 빠지게 되었는지 완전히 이해하지 못했다. 다만 나를 그렇게 만든 이유 중 하나가 내면의 감정에 솔직하지 못했던 태도였음을 알았다.

앞으로 어떤 일이 벌어질지 알 수 없었지만, 뭐가 됐든 앞으로 나아가려면 근본적으로 정직해져야 함을 본능적으로 느꼈다. 중독에 빠져들게 하는 위험한 약물로 몸과 마음을 망가뜨리지 않고 대신 건강한 습관을 만들어 가려면 강한 의지가 필요했다. 그 과정은 힘들고 길었지만 변화는 느리지만 분명하게 일어났다. 처음부터 나는 이 여정이 쉽지 않으리란 걸 알았다. 새롭고도 좋은 습관을 만드는 일은 마치 미지의 세계로 들어가는 것과 같기 때문이다. 그 길을 헤쳐 나가는 유일한 방법은 용기와 결단력을 가지고 한 걸음씩 내딛는 것뿐이다. 그 사실을 알고 있었기에 더는 숨지 않았다.

스스로를 방치했던 몇 년 동안 무거워진 마음을 다시금 가볍게 만들어 줄 확실한 방법을 찾아야 했다. 가장 먼저 나는 생활의 작은 부분들부터 바꾸어 나갔다. 몸에 좋은 음식을 먹고, 꾸준히 운동하고, 잡념이 떠오를 때면 생각에 주의를 기울였다. 일찍이 나를 죽음에 이르게 할 뻔했던 모든 패턴과 정반대로 생활하는 데 초점을 맞췄다. 친구와 가족들과의 관계를 돌아보고, 힘들고 짜증 나게 하는 것들을 친절과 인내심으로 대하려고 노력했다. 마치 탐정이라도 된 양 문제의 근원을 깊이 들여다보기 위해 마음속으로 질문을 던졌다. 또 취한 상태로 도망치고 싶은 충동에 사로잡힐 때면 갈등하는 마음을 직시하기 위해 내면으로 주의를 돌렸다. 그럴 때면 어김없이 깊은 슬픔과 두려움, 사랑을 향한 갈망과 공허함을 마주했다. 나중에야 안 사실이지만, 그 공허함의 공간은 오직 사랑하는 사람과 조건 없는 연민으로만 채울 수 있다.

비록 이 모든 질문의 답에 곧장 도달하진 못했지만, 명상을 시작한 후로 어디에서 고통이 오는지 비로소 그 뿌리를 알아차렸다. 걱정과 두려움 없이 내면을 들여다보는 단순한 행동이 마음에 큰 평안을 가져다준다는 것, 나로부터 도망치는 일은 고독과 침묵을 끌어안기 위해 용기를 내는 일보다 훨씬 더 많은 에너지를 필요로 한다는 사실도 알게 되었다.

긍정적인 습관을 기르기 시작한 첫해는 내 삶에 엄청난 변화를 가져왔다. 물론 매 순간 즉시 날아갈 듯 기분이 좋아진다거나 매일 기분이 좋은 건 아니었다. 오히려 대부분의 나날은 거대한 투쟁에 가까웠다. 두려운 감정을 끌어안은 채 가만히 앉아 있거나, 추위를 무릅쓴 채 체육관으로 가는 버스를 기다리는 따분한 일상에서 온전히 마음을 유지하기란 쉽지 않았다. 모든 게 낯설고 힘겹게 느껴졌다. 하지만 수많은 우여곡절에도 결심은 흔들리지 않았다. 과거로 돌아가는 일은 선택지에 없었다. 그런 인고의 시간을 지나면서 불가능해 보였던 습관이 제2의 천성이 되어 내 안에 자리 잡았다. 점점 더 자주 행복이 찾아오고 갈수록 마음이 단단해졌다. 제아무리 거센 감정의 폭풍이 몰아쳐도 순간순간 기쁨의 조각들이 모습을 드러냈다.

나는 내면에서 끓어오르는 무언가를 관찰하기 위해 안쪽으로 시선을 돌리는 연습을 계속했다. 스스로 달라지기 시작하자 가족과 친구들과의 관계도 나아졌다. 오래 쌓인 무겁고 정체된 기운이 걷히기 시작했다. 예전에는 내면에서 마치 이방인처럼 느껴지던 나의 존재가 그 자체로 편안하게 다가왔다.

이것만으로도 삶은 충분히 새로웠고 배움은 계속되었다. 그런데 2012년, 우연히 친구로부터 위빠사나(Vipassana) 명상에 관해 들은 뒤 나는 그것이 치유의 다음 단계로 나아가기 위해 추구해야 할 과제임을 직감했다. 위빠사나는 '있는 그대로 바람봄'을 뜻하는 말로서 알아차림을 통해 잠재의식을 정화하는 기술이다. 나는 열흘간의 위빠사나 침묵 명상 프로그램에 참여했다. 정직함을 기르는 연습을 통해 이미 치유는 시작되었지만, 위빠사나 명상에 발을 들이는 순간 훨씬 더 깊은 차원의 길이 열렸다.

나는 일상에서 명상을 실천하면서 1년에 몇 차례씩 정기적으로 위빠사나 침묵 명상에 참여했다. 그러자 전보다 기분이 나아졌을 뿐 아니라 훨씬 자유로워졌다. 집에서 꾸준히 명상을 하기까지는 시간이 좀 걸렸지만, 2015년부터 매일 명상에 몰두했고 차츰 정신 건강에 긍정적인 변화가 생겼다. 마침내 2016년, 술과 마리화나를 끊음으로써 나는 모든 중독에서 해방되었다. 마음을 무겁게 짓누르는 술과 마리화나 대신 마음을 가볍게 해 주는 명상이 그 자리를 채웠다.

명상을 통해 내면으로 향하는 일은 은밀하고 개인적인 부활처럼 느껴졌다. 나는 나와 인간의 마음에 관해 많은 것을 배웠다. 내 안에 있는 진짜를 느끼기 위해 눈을 감으면 온 우주가 눈앞에 펼쳐졌다. 개인의 감정 이력에 대한 통찰을 얻었을 뿐 아니라 현실에 충만한 무상(無常)의 의미를 깨달았다. 배움은 지식의 차원을 넘어 지혜의 영역으로 확장되었다. 이는 이전의 모든 것을 대체하는 새로운 유형의 배움이었고 직접적인 경험을 통해서만 얻을 수 있는 통찰이었다.

내적인 삶의 변화는 외적인 삶에도 즉각적인 영향을 미쳤다. 특히 직감이 이끄는 소리에 귀 기울일 때 그랬다. 새로운 관점에서 바라보는 세상은 더욱 선명하게 다가왔다. 존재감을 키우면 주변의 모든 것이 활기차고 생기 있게 보였다. 자기 알아차림(Self-awareness)이 꽃피기 시작하면서 생긴 내면의 명료함이 혼자만의 생각에 갇히게 되리란 두려움을 극복하게 도와주었다. 힘든 상황이 닥치더라도 의도적으로 진실하고 해롭지 않은 행동을 선택할 수 있는 새로운 공간이 내 안에 생겨난 것 같았다.

물론 그때 나는 완벽하지 않았고, 대단하다고 할 만한 성취도 없었으며, 완전히 치유되거나 지혜로워진 것도 아니었다. 그러나 깨달음과는 별개로 마음이 한층 가벼워졌다. 내가 얻은 것은 나를 둘러싼 모든 것들과 관계 맺는 법, 그리고 변화를 거부하면 삶이 힘들어진다는 진리를 이해하고 받아들이는 능력이었다. 현재에 집중함으로써 마음의 긴장을 풀고 부담감에 짓눌리지 않는 법을 배웠음에도 여전히 나는 불완전하다. 이는 치유와 자유 속에서 성장해 나가는 나의 여정이 앞으로도 계속되리란 걸 암시한다. 지금껏 몸을 통해 현실을 바라봄으로써 누구나 접근할 수 있는 지혜로부터 배울 수 있었다는 점에서 나는 참 운이 좋은 사람이라고 생각한다.

누구나 치유될 수 있다

명상을 시작하면서 자연스럽게 두 가지가 명확해졌다. 깊은 치유가 가능하다는 것과 아직은 인류가 미성숙하다는 것이다. 슬픔과 불안에 시달릴 때, 나는 그 무거움이 언젠가는 가벼워지고 건강한 방식으로 그것들을 다룰 수 있으리라 상상할 수 없었다. 건강한 길로 접어든 첫해에 그리고 나중에 명상을 시작하면서, 나는 실제로 기분이 나아질 수 있다는 사실에 충격을 받았다. 이 새로운 행복감은 감정을 억누르거나 망상을 함으로써 느껴지는 것이 아니었다. 내 정신적 불만의 근원은 구체적이고 눈에 보이는 방식으로 완화되었고 근본적인 차원에서의 변화가 일어나고 있었다.

사람은 각자 고유한 감정의 이력을 가지고 있다. 그래서 저마다 다른 방식으로 치유될 테지만, 치유는 그것을 원하는 이에게 항상 열려 있으며 언제든지 이용 가능하다. 과거를 버리고 현재와 연결됨으로써 스스로를 치유하고, 치유함으로써 미래를 확장할 수 있다. 또한 시간의 흐름 속에서 마음의 조건화(Conditioning)와 잘 연결되는 수련법을 찾을 때 치유는 훨씬 빠르게 진행된다.

명상으로 배움을 이어 가는 와중에 들었던 또 다른 생각은 인류가 미성숙하다는 것이다. 우리가 어린아이일 때 배우고 실천한 기본적인 일들—뒷정리를 깨끗이 하고, 진실을 말하고, 서로를 공정하게 대하고, 서로 나누고, 서로에게 친절하고, 서로에게 해를 끼치지 않기—은 아직 사회적인 차원에서 성공적으로 행해지지 않고 있다. 그러나 이러한 원칙이야말로 모든 사람이 건강하고 조화롭게 살 수 있는 길을 보여 준다. 금세기는 인류 역사상 아주 특별한 순간이며, 우리는 거대한 도전에 맞서고 서로에게 직간접적으로 끼친 수많은 피해를 해결할 준비가 된 것처럼 보인다. 이 순간은 해롭기만 한 것이 아니라 구조적으로 자비로운 세상을 만들어 가도록 각자를 성장시키기에 더없이 좋은 기회이다.

이 두 가지 아이디어가 합쳐져서 문자 그대로 '젊은 사람들(Young People)'을 의미하는 '융 푸에블로(Yung Pueblo)'라는 이름이 만들어졌다. 이 필명은 다가올 인류의 성장과 성숙에 대한 사회적 논의를 반영한다. 이제는 근시안적이고 자기중심적인 사고에서 벗어나 사려 깊은 상냥함으로 상호연결에 대한 고양된 인식으로 나아가야 할 때임을 의미한다. 인류가 생각하고 행동하는 방식은 여러 가지 요인에 의해 진화한다. 그중 특별히 눈에 띄는 한 가지 중요한 요인이 있다. 바로 개인의 치유다. 평화로운 세상을 위해 모든 사람이 완전하게 치유될 필요까지는 없지만, 점점 더 많은 이들이 치유 과정을 밟음으로써 인류 역사의 궤적을 바꿀 새 물결을 일으킬 수 있다. 많은 사람이 스스로 치유됨에 따라 더 의식적으로 행동하고, 배려 있는 결정을 하며, 생각이 명료해지고, 세상은 밝아질 것이다.

이 책은 개인의 변화와 세상의 변화라는 개념을 잇는 다리로서 두 가지가 서로 깊이 얽혀 있음을 보여 준다. 나는 이 책이 단지 영감을 주는 데서 그치지 않고 개인의 치유와 그것이 가져오는 이로움을 이해하는 데 도움이 되길 바란다. 주된 목적은 습관에서 본성으로의 전환, 깊은 문턱을 넘어서며 이루어지는 개인의 치유에 있다. 여기서 한 걸음 더 나아가 연민이 개인적 차원에서 구조적 차원으로 확장될 때 어떤 일이 가능한지에 대한 탐구로 이 책은 마무리된다.

이 책은 사람들이 자신의 내면세계를 탐색하기 위해 어떤 방법을 사용하든 간에 내면으로 깊이 들어갈 때 알게 되는 공통의 이해와 경험을 탐구한다. 인간의 경험은 광범위하지만 자기 자신과 세상을 더 잘 이해하는 데 도움이 되는 몇 가지 보편적인 특성이 있다. 나는 이 책에 담긴 메시지가 더는 해악이 전체에 영향을 미치지 않는 세상을 만들어 가는 많은 힘 중 하나가 되어 주길 바란다.

지금도 명상은 내 일상의 큰 부분을 차지한다. 그리고 '융 푸에 블로'로서 글을 쓰는 일은 내가 치유에 대해 이해한 바를 잘 소화하게 해 주는 훌륭한 도구이다. 처음 글을 쓸 때 어느 정도 다른 사람들과 공감대를 형성할 수 있길 바랐지만, 전 세계의 많은 사람이 내 글에서 위안과 의미를 찾으리라고는 상상하지 못했다. 나는 독자들이 전해 준 신뢰를 진지하게 받아들인다. 그것을 조심스레 간직할 것이다.

• 내면 치유 •

●

치유는 삶을 즐거움으로 가득 채우거나

두 번 다시 어려움을 겪지 않는 것이 아니다

치유는 진짜가 되는 일이다

감정을 직시하고 건강하지 않은 방식으로

감정이 쌓이지 않도록 하는 것이다

해소되지 않은 고통을 짊어지고 다니기보다

우울함을 경험하는 편이 훨씬 더 낫다

1장

•

사랑은 악의를 품지 않는다
- 자애 -

•

무엇에 중독되었던 걸까. 자문해 봐도 나를 어둠 속으로 이끈 유일한 근원이라고 할 만한 특별한 약물이나 욕구는 없었다. 심각한 약물 남용을 중단한 뒤에, 그동안 나는 마주할 용기가 없는 내면의 공허함을 감추기 위해 짧은 쾌락을 가져다주는 모든 것들을 뒤섞어 사용해 왔음을 깨달았다. 하지만 끝내 공허함은 충족되지 않았다. 살면서 경험한 즐거움이나 사람들로부터 받은 관심은 한 번도 충분한 적이 없었다. 마치 나는 세상을 집어삼키고 내뱉으면서 끝없이 더 많은 것을 요구하는 진공청소기 같았다.

　쾌락으로 문제를 덮으려던 행동을 그만두고, 섣불리 판단하지 않으면서 순수한 주의력을 키워 나가자 마침내 변화가 찾아왔다. 변화하는 모든 감정에 주의를 기울이는 데 에너지를 집중하자 즉시 효과가 나타났다. 끊임없이 쾌락을 원하는 갈망이 사그라들었고 더는 누더기처럼 황폐해진 기분이 들지 않았다.

개인적인 치유 여정을 시작할 때만 하더라도 나는 자애라는 용어를 정확히 알지 못했지만, 이를 중요한 디딤돌로 삼았음은 분명하다. 스스로에게 건넨 온화하고 수용적인 주의력이 아니었다면 더 나은 삶으로 나아갈 수 없었을 테니 말이다. 말하자면 자애는 내가 잃어버린 고리, 무의식적으로 찾고 있던 온전함의 열쇠였다. 나는 다른 사람으로부터 얻는 인정이 스스로의 인정과 관심, 친절만큼 활력을 주지 못한다는 사실을 깨달았다.

자애란 무엇인가

무엇이든 강하고 오래 지속되려면 튼튼한 기초가 필요하다. 집을 지을 때 먼저 집의 구조를 안정시킬 토대를 다진 다음에 무언가 멋진 것을 만들어 낼 수 있는 것과 같은 이치다. 개인의 진화도 비슷한 방식으로 작동한다. 자애는 내면과 외면을 모두 성공적으로 구축하는 데 바탕이 되는 첫걸음이다. 자애는 삶의 명확한 궤도를 유지하기 위한 에너지와 안정감을 준다. 이는 자기 발견과 행복을 최우선 순위로 삼겠다는 심오한 약속이다.

2014~2015년쯤 문화적으로 자애의 개념에 대한 큰 변화가 일어났다. 나는 이 말이 특히 소셜 미디어 영역에 들어오기 시작한 데 주목했다. 나는 소셜 미디어를 인류가 스스로에게 말을 거는 포럼이라고 생각하는데, 이 무렵 사람들은 자애라는 단어를 한데 모아 다양

한 방식으로 바라보기 시작했다. 마치 자애의 진정한 의미를 이해하기 위해 여러모로 그것을 살펴보는 것 같았다. 많은 사람이 스스로에게 자애의 의미를 물었고 나 역시 마찬가지였다. 궁금했다. 자애라는 게 진짜 있을까? 정말로 필요할까? 일상에 적용할 수 있을까? 자기중심적인 것과 무엇이 다를까? 자기 치유와 어떤 관련이 있을까?

처음에는 상업화가 자애의 개념을 둘러싼 채 주류 언론들이 돈으로 행복과 자존감을 살 수 있다는 믿음을 밀어붙였다. 그러나 이는 필요와 갈망을 혼동하게 만든다는 점에서 오해의 소지가 있다. 특히 물질적인 면에서 원하는 전부를 자신에게 주는 일을 자애라고 이해한다면, 겉보기엔 그럴싸해 보일지 몰라도 많은 사람의 경험에 비춰 볼 때 이는 분명한 한계가 있다.

물론 자기 자신에게 작은 선물을 하거나 활력을 되찾기 위해 잠시 여행을 떠나는 것도 자애의 범주에 속할 수 있다. 하지만 자애를 물질주의와 혼동해서는 안 된다. 물질적인 것은 마음에 완전한 균형을 가져다줄 수 없고 과거를 근본적으로 치유할 수 없다. 외적인 것 또는 물질적인 것에서 위안을 찾으려고 애쓰다 보면 극단으로 치닫기 쉽고, 결국에는 불만족으로 귀결되는 갈망의 불길에 기름을 부어 그것을 더욱 타오르게 만든다. 자애를 돈으로 사거나 얻을 수 있는 무언가로 여기면 인생을 바꾸는 힘이 작동하지 않는다.

어떤 대가를 치르더라도 나를 우선시하는 태도로 자애를 이해하는 사람이 있다. 자애를 이런 식으로 받아들이는 건 어쩌면 당연한 일일지 모른다. 요즘 세상에는 다른 사람을 위해 자기 삶을 희생하고, 스스로를 돌보지 않으면서 남들을 즐겁게 해 주는 데 매몰된 사람이 너무나도 많기 때문이다. 하지만 오로지 자기 자신만을 생각하다 보

• 내면 치유 •

면 자아의 함정에 빠질 위험이 있다. 모든 상황에서 나를 우선시하면 다른 사람의 행복을 무시하게 되고 점점 더 자기중심적이 되어 극단적인 유형의 사람이 될 수 있다. 자아가 커지면 마음에 동요(動搖)가 가득 차서 현실을 명확하게 보는 데도 어려움을 겪는다. 만약 자애가 삶에 도움이 되는 무언가라면, 이 또한 올바른 방향이 아닐 것이다.

내가 이해하는 자애의 본래 의미는 훨씬 내적이다. 자애는 연민, 정직, 열린 마음으로 나와 관계 맺는 방식이다. 사랑하기 쉬운 부분부터 숨기고 싶은 거칠고 불완전한 부분까지, 나의 모든 면을 조건 없이 받아들이고 마주하는 일이다. 자애는 받아들임으로 시작하지만 거기에 그치지 않는다. 진정한 자애는 자신의 모든 것을 완전히 포용하는 동시에 자신이 성장할 여지가 있으며 내려놓을 게 많은 존재임을 인정하는 것이다. 또한 그것이 가진 진정한 변화의 힘을 발휘하기 위해 균형 감각을 필요로 하는 까다로운 개념이다. 즉 자기중심적이거나 이기적이지 않으면서 나를 가꾸는 일, 자신을 남보다 못한 존재로 여기지 않으면서 동시에 남보다 나은 존재로도 보지 않는 겸손함을 유지하는 일이다. 자애가 가져다주는 이로움은 자기 자신과의 긍정적인 상호작용에서 비롯된다. 자애는 마음가짐일 뿐만 아니라 일련의 행동이다.

가장 고차원적인 형태의 자애는 우리가 진화하는 데 사용하는 에너지다. 궁극적으로 나는 '자신을 알고 치유하기 위해 해야 할 일을 하는 것'이라고 자애를 정의한다. 진정한 자애는 다면적이며 근본적인 정직함과 긍정적인 습관의 형성, 무조건적인 자기 수용을 포함한다. 이 세 가지 기둥은 내적·외적으로 작동하여 지속적인 자애감을 형성하고 지지한다.

●

한때 어디에서나

내 안에 거짓이 있었다

이제 그곳에 진실이 있다

나와 나를 더욱 가까이

이어 주는 진실

정직함이 알아차림을 꽃피운다

내면에서 시작되는 진정성의 한 형태인 근본적인 정직함(Radical honesty) 은 의식적인 삶에 부드럽게 기울이는 따뜻한 인식이다. 이는 모든 사람에게 자기 생각을 말하라는 의미가 아니다. 이것은 자기 알아차림이 자라나는 근원이다. 근본적인 정직함은 버려지거나 무시되었던 생각과 감정을 받아들이게 한다. 도망치고 싶은 충동을 느낄 때 눈앞에 놓인 게 무엇이든 그것을 직면하게 한다. 무엇보다 진실이 드러날 수 있도록 이전에 스스로에게 했던 거짓말을 면밀히 점검하게 한다. 근본적인 정직함의 핵심은 혼자이든 다른 사람과 함께이든 상관없이 모든 상황에서 자기 자신과 어떻게 관계를 맺는가이다.

또한 근본적인 정직함은 자신을 벌하거나 가혹한 자기 대화를 뜻하지 않는다. 오히려 차분하게 내면의 진실을 지속적으로 마주하는 일이다. 이러한 균형 상태를 연습하는 것은 매우 중요하다. 처음에는 근본적인 정직함을 유지하기가 어렵다고 느껴질 수 있는데, 이는 장기적으로 해 나가야 하는 프로젝트다. 훌륭한 결과를 보고 싶다면 어려운 순간이 찾아왔을 때 더욱 마음을 다해 그 과정에 전념해야 한다. 그러면 무의식적으로 자극받은 행동을 되풀이하고 싶은 유혹을 떨쳐낼 수 있다.

거짓의 길을 밟아 나가면 그것의 두 가지 주요 징후인 불안과 분노는 물론 두려움이 계속해서 커진다. 먼저 진실을 두려워하게 되고 두려움을 없애기 위해 거짓말을 한다. 그러다 보면 자기도 모르게 자꾸 두려움에 힘을 실어 주는 악순환에 빠진다. 거짓말은 점점 더 큰 불안을 낳기 때문이다. 타오르는 두려움의 불길을 끄는 유일한 방법은 진실로써 철저하게 진화하는 것이다.

정직하지 못함은 진실에 대한 두려움이다. 자신을 정직하게 대하지 못하면 거리가 생긴다. 시간이 흘러 거짓이 쌓일수록 나는 나에게 낯선 사람이 된다. 자신의 진실을 받아들일 수 없다면 자기 알아차림의 반대 방향으로 가고 있는 것이다. 거짓이 마음을 가득 채우면 삶이 불투명해지고 내면의 긴장을 완화하기 위해 취해야 할 올바른 행동이 무엇인지 알기 어려워진다. 스스로에게 하는 거짓말은 깊이 있는 관계의 결핍으로 드러난다. 자기 자신과 단절되면 다른 존재와 깊은 관계를 맺는 것 역시 불가능하다.

근본적인 정직함을 연습하면 나와의 거리가 가까워지고 마음이 평온해진다. 나에게 진실을 말하는 일이야말로 내면의 조화를 가꾸는 출발점이며, 이 조화로움이 즉각적으로 인간관계를 활기차게 만든다. 과거를 돌아보고 인정하지 않았던 진실을 발견하는 과정에서 정직함의 힘은 더욱 강력해진다. 이러한 높은 수준의 현존이 자기 알아차림을 꽃피우게 한다. 마침내 근본적인 정직함이 성숙해지면 어디를 가든 어떤 상황에 부닥치든 올바른 결정을 내리는 데 도움을 주는 자산이 된다. 아무 문제 없다고 스스로를 달랬지만 실은 마음이 동요하고 상처받았음을, 무언가를 좋아한다고 억지로 마음을 몰아붙였지만 실은 그것이 마음에 들지 않았음을, 오래된 고통을 부정해 왔지만 이제는 내 안에 돌봐야 할 상처가 있음을 인정하게 된다.

자애는 내면세계로의 초대이다. 주의를 안으로 돌리면 자신의 조건화 과정 전체를 접하게 된다. 근본적인 정직함은 단순히 발견한 것을 관찰하는 데 그치지 않고 호기심을 가지고 접근할 것을 요구한다. 호기심을 도구로 삼아 자신에게 뛰어들면, 과거에 나로부터 도망

• 내면 치유 •

치기 위해 사용했던 오래된 에너지를 가져다 쓸 수 있으며 그것에 새로운 목적을 부여해 진실에 더 가까워질 수 있다. 예를 들어 부모님과의 관계에서 해결되지 않은 트라우마가 있음을 깨닫는 일처럼, 어려운 상황에 맞닥뜨릴 때 현실을 부정하면서 뒷걸음치기보다 그 문제가 어디에서 비롯되었는지 곰곰이 생각하며 뿌리를 찾기 위해 최선을 다하게 된다.

호기심은 강렬한 감정이 일어날 때 특히 유용하다. 예를 들어 슬플 때 그 감정이 어디에서 왔는지 스스로에게 물을 수 있다. 굳어진 감정의 패턴을 발견하면, 그 패턴이 어떻게 만들어졌는지 스스로에게 물을 수 있다. 그것은 생존을 위한 전술이었을까? 두려움에서 나왔을까? 이 슬픔은 어디에서 오는 것일까? 언제부터 이런 패턴이 형성되었을까? 무엇이 이 패턴을 유발하고, 이런 행동이 내 삶에 어떤 영향을 미치고 있을까?

또한 호기심은 변화의 분명한 궤적을 추적하는 데 도움이 된다. 낡은 층을 벗겨 내는 변화의 과정에서 스스로에게 다음과 같은 질문을 주기적으로 던짐으로써 계속해서 자신에 대해 알아 가야 한다. 나는 진정 무엇을 열망하는가? 사실 내 것이 아니지만 사회가 내 마음에 암호화한 것은 무엇인가? 내가 정말로 함께 시간을 보내고 싶은 사람은 누구인가? 진화에 박차를 가하기 위해 행동을 잘 조정하려면 어떻게 해야 할까?

내면의 호기심에 의해 강화된 근본적인 정직함은 변화를 간소화한다. 정직함이 가진 이러한 추진력과 자기 이해는 오래된 장벽을 극복하고 짊어지고 싶지 않았던 짐을 내려놓는 힘의 원천이 된다.

변화에는 고통이 따른다

근본적인 정직함은 긍정적인 습관의 형성으로 이어진다. 그동안 나의 행복과 웰빙을 가로막은 행동이 무엇이었는지 알게 되면, 의도적으로 새로운 습관을 만들 필요가 있음을 깨닫게 된다. 나에게 도움이 되지 않는 것들에 대해 솔직해짐으로써 내가 가진 에너지의 방향을 바꿀 수 있다.

근본적인 정직함을 연습하면서 내가 가장 먼저 받아들인 것 중 하나는 건강 상태에 대한 거짓말이다. 나는 건강이 좋지 않았다. 아주 미세한 것들조차 심장의 리듬을 잃게 만들었다. 폐는 지치고 약해졌으며 식습관은 항상 나를 고갈시키는 듯했다. 나는 인생을 바꾸려면 여기서부터 시작해야 한다는 걸 깨달았다. 그래서 밖으로 나가 달리기를 하고 식단에 영양가 많은 음식을 더함으로써 정체된 패턴의 장벽을 돌파했다. 솔직히 말해서 엄청나게 힘들었다. 처음에는 변화가 고통스럽기까지 했다. 내 몸은 수년 동안 운동으로 인한 긴장을 느낄 일이 없었고, 새롭게 선택한 음식에 만족하지 못하는 미각 탓에 심적으로도 힘들었다. 그저 단단히 버티는 수밖에 없었다. 새로운 방식으로 살아가기로 했으니, 때때로 개인적인 변화와 함께 찾아오는 불편함을 감수해야 했다.

긍정적인 습관을 기르는 일은 장기적인 게임이며 곧장 최상의 결과가 나타나지 않는다. 그것은 일관성에 뒤따라온다. 훌륭한 무언가를 만들어 가고 있음을 받아들인다면 서둘러 결과를 내야 한다는 갈망을 내려놓을 수 있을 것이다. 제임스 클리어가 『아주 작은 습관의 힘』에서 간단명료하게 이야기했듯이 "당신이 취하는 모든 행동은

• 내면 치유 •

당신이 지향하는 인간형에 대한 투표이다. 단 한 번의 투표로 당신의 믿음을 바꿀 수는 없지만 표가 쌓일수록 새로운 정체성에 대한 증거도 늘어 갈 것이다." 내 경험상 모든 것을 한 번에 바꾸려고 하면 효과가 없다. 차라리 몇 가지 주요한 변화에 초점을 맞추는 게 낫다. 바꾸려는 것이 더는 투쟁이 아닌 자연스러운 나의 일부로 느껴질 때까지 계속해서 앞으로 나아가야 한다. 그때 비로소 성공을 맛볼 수 있다.

살아온 인생 전체를 점검하고 모든 것을 뒤집어엎다 보면 에너지가 많은 방향으로 분산된다. 그러지 말고 대신 선택과 집중의 전략을 선택하자. 필요한 습관이 몸과 마음에 확고하게 뿌리내리면 새로운 영역으로 더 쉽게 뻗어나갈 수 있다. 오랜 시간 공들여서 기른 긍정적인 습관은 잠시 한눈을 판다고 해서 허물어지지 않는다. 새로운 습관을 완전히 내면화하면 그것을 실천할 때 긴장감이 줄어들고, 더는 습관의 반복이 무거운 일처럼 느껴지지 않는다. 오히려 즐거운 일상에 가까워진다. 처음 내가 명상을 시작할 때, 그것은 마치 매일 해내야 하는 커다란 과제처럼 느껴졌다. 하지만 꾸준히 노력하다 보니 이제는 건너뛰는 걸 상상할 수 없을 만큼 자연스러운 삶의 일부가 되었다.

자애가 나의 결정에 영향을 미치도록 허락하면, 그것이 스스로에 대한 기준을 높이도록 의욕을 북돋울 것이다. 자애는 압도적인 긍정감이 아니라 진정으로 번영하기 위해 나에게 건네야 할 솔직한 조언이다. 내면으로부터 나를 성장시키는 건전한 행동을 반복하다 보면 매일 마주하던 내면의 투쟁이 줄어들 것이다.

• 내면 치유 •

자기 수용은 자기 만족이 아니다

자애는 내면세계를 여행할 때 사용하는 수단이다. 이 여정을 생산적으로 만드는 것은 그 과정에서 이루어지는 자기 수용(Self-Acceptance)이다. 자기 발견에 마음을 열면 내면세계의 문이 열린다. 그러면 한때 어둠 속에 있던 나의 역사가 자기 알아차림의 빛 아래에서 모습을 드러낸다. 삶에 심오한 변화를 가져오는 깊은 자애는 용감하게 내면으로 들어가 무엇이 나를 만드는지에 대한 이해를 심화하도록 우리를 탐험가로 탈바꿈시킨다. 자기 수용이 없으면 힘든 일을 마주할 때마다 우리의 여정에 급제동이 걸리거나, 그 자리에서 끝나 버리거나, 이미 잘 알고 있는 영역으로 돌아가 버릴 것이다. 하지만 어려움에 직면할 수밖에 없음을 인정하고 자기 수용을 통해 나와 마주할 준비를 하면, 변화의 힘든 부분을 받아들이고 자기 감정의 역사를 계속해서 깊이 파고들 수 있다.

분명히 말하지만 자기 수용은 자기 만족을 뜻하지 않는다. 이는 어떤 일이 일어나든 거부하거나 맞서 싸우지 않고, 그것을 있는 그대로 인정하면서 행동해야 할 때 능숙하게 행동한다는 의미이다. 자애가 강력한 이유는 그것이 단지 나를 바라보는 방식이어서가 아니라, 스스로 되고자 하는 더 큰 비전에 지속적으로 자신을 맞춰 나가는 일련의 행동이기 때문이다.

자애를 연습하다 보면 솔직하게 다루고 바로잡아야 할 일들이 생길 테지만, 그것들을 향한 미움은 마음을 흐리게 하고 행동의 효과를 떨어뜨릴 뿐이다. 자기 수용은 현실을 깊이 포용하고 과거의 나를 벌하지 않는 것이다. 또한 개인의 변화를 위해 사용하는 다른 모든 도구의 균형을 맞춰 주는 기반이다. 자애가 활성화되면 즉시 변화가 일어난다. 물론 모든 일이 그렇듯이 이 변화 역시 끝없이 상승 궤도만을 그리지는 않는다. 때로는 비틀거리기도 하고, 일시적으로 옛 습관으로 되돌아가기도 하고, 인생을 바꾸는 도약을 하기 전에 몇 걸음 뒤로 물러나기도 하며, 단순히 휴식이 필요한 순간도 경험할 것이다. 개인적인 여정이 매 순간 승리일 수는 없다. 그러나 내면에 소용돌이가 치는 힘든 시기에 자신의 긴장을 강하게 혐오하는 일은 전혀 도움이 되지 않을뿐더러 중압감을 더할 뿐이다. 긴 여정을 대비하는 가장 좋은 방법은 자기 수용으로 우여곡절을 헤쳐 나가는 것이다.

진정한 사랑의 토대

자애는 나에게서 멀어지지 않도록 내적 결속력을 형성한다. 나의 진실을 더 많이 마주하고 그것을 완전히 수용하는 법을 배울수록 더 큰 개인적 조화를 이룰 수 있다. 이러한 자기 알아차림을 구축하면 자기 자신을 사랑하는 법을 배울 수 있을 뿐 아니라 주변 사람들에게 깊은 사랑의 감정을 느낄 수 있다. 높은 수준의 자애는 계속해서 확장되고, 이로써 궁극적으로 모든 존재를 조건 없이 사랑할 수 있게 된다. 자애의 에너지로 나를 깊이 이해하면 인간의 조건과 나의 무거운 감정, 트라우마가 그동안 어떤 식으로 내 행동과 반응을 형성해 왔는지 알게 된다. 나에 대한 수수께끼가 줄어들수록 더 큰 명료함과 연민으로 다른 사람을 바라볼 수 있게 된다.

인간은 각자 다른 역사를 가지고 있지만 동일한 감정의 스펙트럼을 겪으며 살아간다. 각자의 마음은 서로 다른 내용을 담고 있지만 구조는 비교적 유사하다. 예를 들어 모든 사람은 현재에 머무는 데 어려움을 겪는다. 힘든 순간이 찾아오면 과거를 떠올리며 새로운 경험을 과거에 빗대어 이해하려 한다. 이렇게 오래된 반응 패턴이 활성화된다. 또한 누구나 때때로 두려움, 탐욕, 질투, 분노 등 자신의 조건화를 더욱 공고히 하는 감정들을 경험한다. 하지만 자기 마음이 어떻게 이루어져 있는지 잘 들여다볼 줄 알면 다른 사람에 대한 연민의 마음이 깊어진다. 스스로 어려움을 겪어 왔고 그것을 이겨 내기 위한 과정을 시작했기 때문이다. 그러면 다른 사람들이 힘든 시간을 지날 때 그들에 대한 사랑을 더 쉽게 인정하고 표현할 수 있다.

이해심이 커지면 사랑하는 사람이 어려움을 겪거나 상대하기 껄끄러운 사람을 대할 때 마음에 깊은 평화가 깃든다. 영적 지도자인 틱낫한 스님이 적었듯이 "이해는 사랑의 토대이다." 시간을 들여 자기 수용을 연습하고 내면의 호기심을 기르면서, 나는 내면의 투쟁이 외부의 갈등을 일으키는 가장 큰 원인임을 깨달았다. 이는 누군가가 긴장하고 그로 인해 상대방을 향한 인내심이 줄어들어 화가 난 말투로 응수하는 순간에 목격할 수 있다. 또한 어린 시절의 트라우마가 어떻게 자신의 친밀한 관계에 비생산적인 패턴을 만들어 내는지 깨닫지 못하는 순간에도 드러난다. 자기 자신을 바라보는 능력이 향상되면 주변 사람들에 대한 인내심도 덩달아 커진다.

변화에 진전을 이루고 자애가 새로운 차원으로 성숙함에 따라 다른 사람을 향한 사랑은 계속해서 확장된다. 그것은 지혜롭고 균형 잡힌 사랑의 형태를 취하는데, 곧 나를 잊지 않으면서 다른 사람을 배려하는 것을 의미한다. 다른 말로 하면, 다른 사람을 효과적인 방식으로 돕기 위해 먼저 나 자신을 잘 대하는 것이 필수적임을 이해하는 사랑이다.

　자애를 최고 수준으로 끌어올리면 무조건적인 사랑을 느끼고 표현할 수 있는 토대가 마련된다. 자애가 없는 다른 모든 형태의 사랑은 피상적이다. 완전히 자유로운 사람은 마음이나 생각으로 어떠한 악의도 품지 않는다. 그들은 직접 만났든 아니든 모든 존재를 향해 사랑을 발산한다. 이는 자기 안에서만 느껴지는 정적인 사랑이 아니라 필요할 때면 언제든지 행동으로 옮길 수 있는 사랑이다. 진정한 사랑은 유연하다. 마치 물처럼, 고요히 머무를 수도 있고 엄청난 힘을 가지고 흐를 수도 있다.

자애와 치유는 함께 자란다

자애를 활성화하면서 나는 마음과 그 안에 담긴 것을 더욱 명확히 파악할 수 있게 되었다. 오랜 시간 쌓여 온 슬픔, 힘들 때마다 솟구치는 불안, 원하는 것을 얻지 못할 때 찾아오는 긴장감을 느낄 수 있었다. 이 모든 어리석은 감정의 패턴은 자애가 아니었다면 영영 감춰져 있었을 것이다.

　근본적인 정직함과 긍정적인 습관의 형성, 그리고 자기 수용은 나에게 실질적인 결과를 가져다주었다. 그럼에도 마음이 끊임없이 요동치며 분투하고 있음을 알았을 때, 나는 이것이 단기간에 해결될 문제가 아님을 깨달았다. 문제의 근원에 도달하고 마음 가장 깊은 층에 있는 이야기를 다루려면 온 마음과 힘을 다해 긴 치유의 여정에 전념해야 한다. 자애는 부드럽게 나를 내면으로 안내하고 내 안의 나와 만나게 해 주었다. 더불어 내가 집중하고 있는 영양가 있는 행동을 배가해 주고, 용기를 모아 더 깊이 치유의 과정을 파고들어야 한다는 걸 보여 주었다.

자애와 치유는 깊이 얽혀 있다. 둘 중 하나를 진지하게 받아들이면 다른 하나도 즉시 활성화된다. 자애와 치유는 함께 자라고 사그라든다. 이 둘이 고르게 번창하면 심오한 변화가 일어난다.

성찰하기

각 장의 마지막에 자기 성찰과 취약성 점검을 위한 몇 가지 질문을 적어 두었다. 이것들은 내면을 깊이 들여다보고 다루기 위한 일기 주제, 하루를 보내면서 돌이켜 볼 만한 일들, 편안한 상황에서 친구나 사랑하는 사람과 함께 탐구할 수 있는 질문들이다.

- 지금 나에게 자애는 어떤 모습인가? 자애가 어떻게 발전하기를 바라는가? 지금으로부터 1년 후에 어떤 느낌이기를 바라는가?

- 나의 어떤 부분을 받아들이기 어려운가? 그것이 나의 이야기에서 중요한 부분인가?

- 새롭게 기르기 위해 노력하고 있는 긍정적인 습관은 무엇인가? 나를 새롭게 가꾸는 데 있어서 도움이 될 만한

경계 설정 방법이 있는가?

- 자애를 기르는 게 다른 사람에게 연민을 갖는 데 도움이 되는가? 나를 이해하는 게 다른 사람을 더 명확하게 바라보는 데 도움이 되는가?

- 요즘 정직함과 어떤 관계를 맺고 있는가? 마음이 긴장으로 가득 차 있을 때도 스스로에게 정직할 수 있는가?

- 과거에 자애의 부족이 관계에 어떤 영향을 미쳤는가?

2장

•

마음의 질이 삶의 질을 결정한다

- 치유 -

•

내 마음에 큰 영향을 준 상황들을 떠올려 보면, 가족이 겪은 지속적인 가난의 투쟁이 단연 두드러진다. 미국에서 가난한 이민자로 성장하는 건 매우 힘든 일이었다. 나의 개인적인 트라우마는 그 경험과 깊은 관련이 있다. 서로를 지극히 사랑하고 부족함 없이 자녀를 길러 준 부모님이 계신 건 행운이었지만, 두 분 모두 대학 교육을 받지 못했고 영어를 유창하게 구사하지도 못했기에 신분 상승의 기회가 거의 없었다.

부모님은 큰 위험을 무릅쓰고 미국으로 이주했다. 자신들의 삶이 힘들어질 걸 알았지만 자녀들이 에콰도르에서는 얻을 수 없는 기회를 가질 수 있으리라 생각한 것이다. 그러나 가난은 부모님이 이루고자 했던 가정의 안전을 강하게 위협했다. 공과금을 내고 제대로 된 식사를 마련하기 위해 부모님은 엄청난 스트레스를 견뎌야 했다. 이러한 스트레스와 가정 형편을 나아지게 할 장기적인 계획을 세울 수 없다는 암울한 현실이 가족 전체에 스며들었다. 눈앞에 놓인 요구가 너무도 절박해서 때때로 부모님의 서로를 향한 견고한 사랑마저 가족의 생존이라는 극심한 압박에 짓눌리곤 했다.

어렸을 때 나는 부모님의 잦은 다툼을 보면서 과연 두 분이 서로 잘 맞는 사이인지 의구심이 들었다. 물론 성인이 된 지금은 두 분 사이에 사랑이 부족하지 않았음을 안다. 모든 일의 근원은 구조적인 문제에 있었다. 늘 부족하기만 한 돈이 두 분의 마음을 긴장으로 가득 채웠고 종종 그 긴장감을 서로에게 투사하게 한 것이다. 지금 부모님의 관계는 예전과 사뭇 다르다. 서로에 대한 사랑이 분명하고 화목함이 넘쳐흐른다. 부모님이 마음 놓고 한숨 돌릴 수 있는 이유는 나를 비롯한 자녀들이 모두 성인이 되어 각자 앞가림을 하면서 경제적 지원을 해 드리기 때문이다. 예전 부모님의 다툼은 서로가 맞지 않아서가 아니라 상황이 그렇게 만든 것이었다.

수년 넘게 가족을 잠식했던 스트레스와 생계를 유지하느라 부모님이 겪은 고생이 내 마음속 깊이 각인돼 있다. 작은 아파트의 집세를 내느라 끊임없이 아등바등했던 기억이 생생하다. 거의 매달 부모님이 이 문제로 다투는 소리를 들었다. 두 분은 스트레스와 피로가 가득 섞인 목소리로 다음 계획을 세우곤 했다. 어릴 적 나는 과연 이 문제가 끝나기나 할지, 행여 더 나빠지는 건 아닐지 궁금했다. 당장이라도 바닥이 무너져 버릴 것 같은 강한 불안감이 온몸을 휩쓸고 지나갔다.

나는 부모님에게서 슬픔을 느꼈고 어떤 식으로든 그들을 돕고 싶었다. 동시에 가난에 대한 분노와 한 주 한 주 버티듯 살아가는 생활에 수치심을 느꼈다. 온 가족이 단지 살아남기 위해 그토록 안간힘을 써야 한다는 사실이 불공평하게 느껴졌다. 누구나 그렇듯이 이 모든 것이 나에게 조용한 불안으로, 마음 깊은 곳에서 샘솟는 더 많은 것을 향한 갈망으로 나타났다. 두려움이 내 마음 안에서 움틀 자리를 찾았고 가끔씩 최악의 결과에 대한 환상을 만들어 냈다. 내가 기억하는 한 우리 가족의 생존 방식은 슬픔을 이겨 내는 데 전혀 도움이 되지 않았다. 더 많은 것을 향한 끊임없는 갈망과 항상 존재하는 불안, 계속되는 슬픔은 10대에 접어들고 대학에 다니는 청년이 되면서 더욱 심해졌다. 결핍이 나를 더욱 집착하게 만들었다. 나는 가질 수 있는 몇 가지에 집착하고 감당할 수 없는 것들을 지나치게 갈망했다. 치유가 필요했다.

자기 삶과 마음을 정직하게 돌아보면 치유할 수 있는 과거의 특정한 무언가를 발견할 수 있다. 이러한 성찰은 최소한 스스로 더 행복해질 수 있고 내면의 평화와 정신적 명료함을 높일 수 있음을 알게 해준다. 모든 인간은 최고의 삶을 살아가는 데 방해가 되는 마음속 긴장을 가지고 있다. 하지만 다행스럽게도 내면에 쌓인 그 긴장을 풀 수 있다. 치유는 마음속에 품고 있는 긴장을 의도적으로 줄이는 일이다.

인간의 마음은 보통 스트레스와 불안으로 가득 차 있다. 현재에 제대로 집중하지 못하고, 평화로운 삶과 효과적인 결정을 내리는 데 방해가 되는 집착으로 가득 차 있다. 다만 오르락내리락하는 마음의 기복이 자신에게 깊은 영향을 미쳤음을 인정하면 더 나은 방식으로 살아가는 법을 배울 수 있다. 반대로 오래된 패턴을 그대로 방치하면 마음은 계속해서 반응하고 끊임없이 자동조종 모드로 작동한다.

마음이 가장 잘하는 일은 반복이다. 이는 평소 맹목적인 행동을 기본값으로 하는 생존 모드 상태에 우리를 머물게 한다. 어려운 상황이 발생할 때 특히 그렇다. 심지어 스트레스나 불안처럼 신체에 부담을 주는 감정일지라도, 과거에 그렇게 반응했다면 계속해서 같은 방식으로 반응하게 된다. 각각의 반응은 서서히 인식을 형성해 나가며, 우리가 지각하는 모든 것이 현재의 감정과 오래된 조건화의 필터를 통해 걸러지게 한다. 이런 식으로 과거와 감정에 의해 만들어진 인식은 현실을 있는 그대로 바라보는 능력을 방해한다. 의도적으로 훈련하지 않는 한 마음은 나에게 좋은 일을 하지 않는다.

치유는 탐험가가 되고자 하는 의지, 알아차림으로 길을 비추어 나라는 존재 안에 있는 광대한 내면의 숲으로 들어가고자 하는 의지에서 시작된다. 이 여정은 도전적이고 때로는 어려움으로 가득하다. 자기 수용으로 온전히 받아들이기 힘든 나의 이면과 아름답지 않은 모습을 틀림없이 마주하게 되기 때문이다. 하지만 이 여정은 또한 비할 데 없는 보상을 가져다준다. 자신을 명확하게 볼 수 있게 되면 진정한 내면의 힘을 깨우치게 되기 때문이다. 각자의 내면에는 아직 발견되지 않고 계발되지 않은 우주가 있다. 대부분은 자신이 그것을 보지 못하고 있음을 깨닫지 못한 채 살아간다. 대신에 사람들은 감정을 본다. 종종 이러한 감정은 과거 상처의 메아리일 뿐인데도 많은 사람이 내면의 거친 감정의 조각들을 그러모아 세상에 분출하는 투사의 악순환에 빠지곤 한다.

내면으로 주의를 돌릴 때 깊은 치유와 정서적 성숙이 시작된다. 도망치거나 감정을 억누르지 않고, 삶의 우여곡절을 헤쳐 나가면서 자신을 직시하는 능력은 나에 대한 이해를 높여 준다. 오고 가는 감정을 느끼기, 과거를 받아들이고 그것이 현재에 나타나는 방식에 주목하기, 어려운 상황을 처리할 때 마음을 관찰하기, 삶에서 반복적으로 나타나는 행동 패턴에 주목하기, 내면의 이야기와 생각이 감정에 어떤 영향을 미치는지 살펴보기. 이러한 모든 정신적 움직임에 세심하게 주의를 기울이면 삶을 변화시킬 수 있는 배움의 문이 열린다. 다만 이러한 마음의 특성 중 어느 것도 저절로 생겨나지 않는다. 정신 건강에 변화를 주고 삶의 목적을 생존에서 번영으로 전환할 수 있을 만큼 강해지려면 이러한 특성들을 의도적으로 활성화하고 지속적으로 길러 나가야 한다.

자기 알아차림을 키우면 마음의 민첩성이 높아진다. 마음에 머무는 시간을 가지면 어려운 상황이 발생할 때 속도를 늦출 수 있다. 과거에 뿌리를 둔 맹목적인 반응에 빠져드는 대신 의도적으로 잠시 멈춤으로써 실제로 무슨 일이 일어나고 있는지 살펴보는 시간을 가질 수 있다. 잠시 멈추는 능력을 갖추기란 쉽지 않고 이러한 마음의 질을 구축하기까지는 시간이 걸리지만, 수련의 결과로 얻게 되는 혜택은 이루 헤아릴 수 없다. 즉각적으로 반응하지 않고 현실을 목격할 시간을 갖는다는 건 치유가 진행되고 있다는 신호이다. 그렇게 되면 자신을 볼 수 있고 지금 일어나고 있는 일을 처리하는 데 더 많은 시간을 할애할 수 있어서 수월하게 자신의 목표에 부합하고 진정성을 존중하는 방식으로 행동할 수 있다. 일시적인 감정에 휘둘리지 않으면서 자기 감정에 솔직할 수 있으면 예기치 않은 삶의 변화에 유연하게 대처할 수 있다.

사람들은 삶을 개선하고 싶어 하면서도 자기 안에서 일어나는 일이 아닌 주변의 일에 집중하곤 한다. 새로운 삶을 시작하는 방법으로 물리적인 장소를 바꾸는 것도 도움이 될 수 있지만, 마음의 태도를 바꾸지 않으면 내면 깊이 뿌리박힌 오래된 패턴이 원치 않는 상황을 반복할 수 있다. 사람들은 자기 목표를 재평가하고 이루고자 하는 특정한 삶에 대한 아이디어를 가지지만 상황은 그리 쉽게 맞춰지지 않는다. 비전은 행동으로 옮기기 전까지 비전으로 남아 있을 뿐이다.

"너를 위한 것이 너에게 올 것이다(What is for you will come to you)." 인터넷에 떠도는 이 흔한 비유처럼 인생은 단순하지 않다. 퍼즐에서 빠진 조각, 즉 마음의 괴로움과 가슴을 어지럽히는 두려움을 다루지 않으면 삶은 계속해서 힘들어지고 좋은 것을 누리는 데 걸림돌이 된다. 진실과 깊이 일치하면서 성장을 추구할 때 비로소 나를 위한 것들이 나에게 다가온다. 내면의 역동성은 다가올 일에 영향을 미친다. 내부의 장애물, 즉 자유에 저항하고 있음을 깨닫지 못하면 그것이 해체될 때까지 나를 향해 오는 좋은 것들을 밀어낸다. 마음이 분노와 긴장으로 가득 차 있으면 당연히 평화는 불가능하고, 그때 나에게 오는 것들은 행복을 추구하는 데 도움이 되지 않는다. 유사한 진동은 서로를 끌어당기는 경향이 있다. 그래서 평온한 마음을 갖지 않는 한 삶에서 조화를 이루기란 어렵다. 치유는 삶을 개선하고 나에게 좋은 일이 올 수 있도록 문을 열어 준다. 삶의 질은 마음의 질에 의해 결정되기 때문이다.

간과해서는 안 되는 또 다른 핵심 요소는 노력이 매우 중요하다는 사실이다. 내가 무엇을 원하는지 아는 상태에서 계획을 세우고 그에 따라 행동함으로써 꿈을 좇아야 한다. 희망이 부리는 변덕에 일을 맡기거나 단순히 어떤 일이 일어나기를 기다리는 건 삶을 향한 수동적인 접근 방식이며 큰 성과를 얻지 못한다. 나를 효과적으로 치유하는 데 핵심은 스스로의 패턴에 책임을 지는 것이다. 패턴을 부채질한 트라우마나 상처가 내 잘못이 아닐지라도—특히 어렸을 때 일어난 일이더라도—치유는 오직 나만이 할 수 있다.

물론 다른 사람이 도움을 줄 수도 있지만, 상처를 극복하고 앞으로 나아가는 데 필수적인 것은 자신의 의지와 노력이다. 삶을 개선하기 위해 집중해야 할 게 하나 있다면 바로 치유이다. 더 나은 삶을 만들고 싶다면 나에게 큰 영향을 미치는 요소에 집중해야 한다. 그것은 의심할 여지 없이 나와 내 마음 사이의 관계이다. 치유의 과정에 깊이 들어가면 열망과 꿈을 이루기 위해 들이는 노력이 훨씬 더 효율적이고 빠르게 결과를 만들어 낸다. 치유된 마음은 믿을 수 없을 정도로 강력하다.

인간이 가진 강한 경향성 중 하나는 문제의 근원이 바깥에 있다고 여기는 것이다. 자아는 외부로 비난의 화살을 돌리기를 좋아하고 자주 그 비난은 가까운 사람을 향한다. 어느 날 아내 사라가 내가 일하고 있는 주방으로 들어와 웃는 얼굴로 지난 몇 시간 동안 혼자서 속으로 나와 말다툼을 했다고 이야기했다. 그날 사라는 특별한 이유 없이 잔뜩 화가 났다. 그러면서 마음속으로 어떻게 하면 치미는 분노를 나에게 돌릴 수 있을지 계속 생각한 것이다.

합당한 이유를 찾기 위해 그녀의 마음은 점점 더 시간을 거슬러 올라갔지만, 이내 사라는 자신의 패턴을 인식하면서 힘을 되찾았고 마침내 분노는 가라앉았다. 사라는 자신의 분노가 내면의 긴장이 만들어 낸 감정이었음을 부인하려 애쓰느라 고군분투했던 마음을 이야기해 주었고, 우리는 함께 크게 웃었다. 그녀의 솔직함은 나 또한 마음속에서 같은 패턴에 빠지곤 한다는 걸, 내 마음에서 일어나는 긴장이 실제로는 아내와 아무 관련이 없음에도 종종 문제의 원인을 그녀 탓으로 돌릴 만한 이유를 찾으려 한다는 걸 깨닫게 해 주었다.

살다 보면 누군가가 분노를 유발하는 행동을 할 때도 있다. 그러나 그렇지 않은 경우가 대부분이다. 마음의 극장에 분노나 또 다른 무거운 감정이 등장할 때면 마음은 타당성을 접어 두고 더 많은 연료를 찾기 시작한다. 이러한 일은 치유가 진행되는 와중에도 계속해서 나타난다. 운명은 스스로 만들어 가는 것, 인내심을 가지고 이를 되새기면 자신의 정신 상태를 책임지는 사람이 다름 아닌 '나'라는 사실을 재확인하는 데 도움이 된다.

단지 마음에서 일어나는 일을 알아차리고, 의도를 가지고 올바른 방향으로 자신을 끌어당기는 것만으로도 얼마나 강력한 힘을 가질 수 있는지를 안다면 놀랄 것이다. 우리는 지나치게 일을 복잡하게 만드는 경향이 있다. 그러나 정신 에너지의 방향을 바꾸는 단순한 행동을 여러 번 반복하는 것만으로도 행복해지는 데 필요한 습관과 감사의 마음을 기를 수 있다. 이것이 자기 알아차림이 중요한 이유다. 마음이 움직이는 방식을 볼 수 있으면 필요에 따라 의도적으로 방향을 수정할 수 있다.

이는 무언가를 억누르라는 뜻이 아니다. 그저 마음이 광활하다는 사실을 받아들이기만 하면 된다. 우리는 다양한 자기 모습을 수용할 만한 공간을 가질 수 있다. 자꾸만 고개를 내미는 과거의 감정이나 주의를 끌려고 하는 무거운 감정이 마음을 지배하게 내버려두지 않으면서 그 감정들을 존중할 수 있다. 현실의 무거움을 느끼되 그것이 반응을 통제하게 하지 않음으로써 자신이 서 있는 곳과 원하는 곳을 모두 존중할 수 있다. 현실을 알고 진실을 유지하는 기술, 이것이 내가 이 책을 통해 전달하고자 하는 중요한 정신적 변화 중 하나이다. 자신이 느끼는 감정을 받아들임으로써 현실을 알고, 상황이 어려워질 때도 성장의 사명을 유지함으로써 진실을 유지하는 것. 핵심은 감정 자체가 되지 않으면서 그것을 느끼는 것이다.

많은 사람이 쉬운 답과 빠른 해결책을 원하지만 치유는 그렇게 이루어지지 않는다. 삶의 패턴은 수십 년에 걸쳐 만들어지고, 오랜 시간 축적된 반응은 잠재의식 깊은 곳에 쌓여 콘크리트처럼 굳어진다. 다행히 우리의 의지와 의도는 강력한 도구여서 수십 년보다 짧은 시간 안에 치유가 일어날 수 있다. 그렇다고 하더라도 과거의 방식을 깨뜨리려면 노력이 필요하다. 임시방편은 대개 피상적인 결과를 낳는다. 감정의 골을 깊이 파고들어 어둠 속에 있는 험난한 진실을 마주할 준비가 되어 있지 않다면, 치유는 지금보다 더 힘들어질 것이다.

치유의 가장 어려운 부분은 영감을 유지하면서 생각마다, 행동마다, 단계마다 새로운 '나'를 만들어 가기 위해 꾸준히 매진하는 것이다. 사소해 보이는 모든 움직임이 결국은 완전한 변화로 이어진다. 스스로를 치유하는 사람은 용맹한 사자이고 뛰어난 용기를 지닌 영웅이다. 이렇게 말하는 이유는 이 여정이 빠르지도 쉽지도 않음을 분명하게 밝히기 위함이다. 치유는 정말이지 길고 긴 약속이다. 제한 시간을 설정할 수 없다. 나를 변화시키려면 스스로를 사랑해야 하고 하루도 쉬는 날 없이 사랑해야 한다. 받아들임, 인내, 노력을 통해 저마다 되고자 하는 자신의 모습을 지지할 수 있다.

치유는 완벽에 관한 것이 아니다. 더는 무의식적으로 살지 않음에 관한 것이다. 자기 마음속에서 일어나는 일에 대해 책임을 지지 않으면 자신이 가진 힘을 포기한 채 세월을 보내게 된다. 치유는 알아차

●

성숙함은 인생의 우여곡절에

엎치락뒤치락 휘둘리지 않고

그 파도에 올라탈 때 얻을 수 있다

모든 것이 완벽하기를 기대하지 말고

변화가 인생의 상수임을 알라

힘들 때도 스스로를 판단하지 말라

감사 속에서 살아가며

지금 이 순간 좋은 것을 누려라

림을 통해 마음을 비추고 오래된 패턴이 숨지 못하게 내면의 불을 환히 밝히는 일이다. 이로써 나를 명확하게 볼 수 있게 되면 내가 가진 충만한 힘을 되찾을 수 있다. 무엇이 변해야 하는지가 보이지 않으면 변할 수 없다. 주의를 집중하는 힘은 위대하고 헤아릴 수 없을 만큼 중요하다. 그 주의의 힘을 내면으로 가져가면 위대한 마음과 위대한 삶을 만드는 데 방해가 되는 모든 장애물을 제거할 수 있다.

치유는 지움이 아니다

치유가 필요한 이유는 내가 느끼는 모든 것이 마음에 흔적을 남기기 때문이다. 가족 간의 역학관계, 학교에서 배운 것, 친구나 파트너와의 관계, 사회가 내 삶 전반에 걸쳐 강요하는 관점, 자기 자신과의 관계, 나라는 존재를 관통해 지나가는 다른 경험이나 작은 정보 등이 모조리 축적된다. 이 모든 것이 한데 모여 조건화의 총체를 만든다. 조건화는 가만히 앉아 있지 않고 나, 상호작용하는 사람들, 세상을 인식하는 방식에 스며든다. 조건화는 지각에 영향을 미치는 데서 그치지 않고 나아가 행동 방식을 형성한다. 치유나 실제로 치유하고 있는 것에 대해 이야기할 때, 우리는 마음에 과부하를 주고 진실된 삶을 방해하는 무거운 조건화를 다룬다. 조건화란 말 그대로 어디를 가든지 가지고 다니는 과거이다.

의식적인 마음은 지나간 일을 잊지만 잠재의식은 과거의 반응을 축적한다. 이러한 반응은 시간이 지남에 따라 굳어지고 마음이 과거의 상황을 떠올릴 때 발생하는 특정한 행동 패턴으로 발전한다. 줄을 서서 기다려야 할 때 조급한 마음이 들거나 교통 체증에 갇혔을 때 분노가 치밀어 오른 적이 있는가? 해야 할 일이 쌓여 있는데 누군가가 먼저 처리해야 할 일을 던져 주면 스트레스와 불안이 밀려오는가? 누군가가 무례하거나 거만하게 굴면 방어적으로 반응하는가? 이것은 일반적인 반응 패턴의 몇 가지 예에 불과하다. 이러한 반응 패턴을 얼마나 강렬하게 느끼는지는 과거에 이와 같이 반응한 횟수와 직접적으로 관련이 있다. 치유는 현재를 자유롭게 살아가는 능력을 방해하는 과거의 모든 프로그램을 해체하고 풀어내는 일이다.

치유는 과거를 지우는 일이 아니다. 치유의 요점은 일어난 일을 잊지 않는 것이다. 힘든 순간에 대한 오래된 기억은 깊은 치유가 일어난 후에도 다시 떠오를 수 있다. 그러나 그런 기억이 떠오를 때 반응하는 방식은 달라질 수 있다. 반응의 강도가 약해진다면 진정한 진전이 이루어지고 있는 것이다. 이는 반응을 억제하는 것과 아무 관련이 없다. 단지 마음에서 실제로 일어나는 일의 척도일 뿐이다. 과거의 기억에 사로잡히거나 그것이 행동을 통제하게 내버려두지 않으면서 진실을 느낄 수 있다.

조건화를 이루는 지배적인 부분은 개인적인 감정의 이력, 특히 평생을 느껴 온 강렬한 감정과 관련된 미련이다. 과거에 겪은 개인적인 어려움을 이해하고 그것들이 어떻게 개인의 감정과 행동 양식에 드러나는지를 이해하면 반응의 경직성을 푸는 데 도움이 된다. 과거를 반복하는 대신 그 덫에서 빠져나와 다른 결정을 내리고, 방어적인 감정 대신 다른 감정을 느낄 수 있다. 감정의 이력은 때로 너무 조밀해서 행동 변화를 제한하고 나를 겨우 살아 있는 상태로만 존재하게 만든다. 하지만 과거에 겪은 어떠한 상처도 치유되지 않는 것은 없다.

명상의 힘

완전히 바닥을 치고 난 뒤, 나는 1년 내내 자애의 세 가지 측면인 근본적인 정직함과 긍정적인 습관의 형성 그리고 자기 수용을 실천했다. 나름대로 의미 있는 성과를 거두긴 했지만, 직감적으로 더 깊이 파고들어야 한다는 생각이 들었다. 그 시기에 가장 친한 대학교 친구 중 한 명인 샘이 인도를 여행하고 있었다. 샘은 인도에 머무는 동안 함께 지내던 가족으로부터 열흘간의 침묵 명상 코스에 대해 들었는데, 호기심이 발동한 그는 얼마 지나지 않아 명상에 도전했다. 새로운 경험을 찾아 떠난 여행에서 그는 예기치 않게 훨씬 대단한 것을 발견했다. 자기 길을 찾은 것이다.

샘은 명상 코스를 마친 뒤에 나와 다른 세 명의 친구에게 장문의 이메일을 보냈다. 메시지는 사랑, 연민, 선의에 관한 것이었다. 그동안 우정을 나누면서 한 번도 그런 주제를 다뤄 본 적이 없었기에 큰 충격을 받았던 기억이 난다. 나는 샘이 그렇게 말하는 걸 들어 본 적이 없다. 늘 믿음직한 친구였지만, 이전까지 우리의 대화는 결코 취약한 공간으로 들어가지 않았다. 나는 샘이 자신의 진실을 공유하고 있으며 열흘간의 경험이 그에게 중요한 변화를 일으켰음을 알았다.

샘의 메시지를 받은 건 내가 처음 치유를 접하고 그 여정에 전념하던 때였다. 그전까지 살면서 명상은 딱 한 번, 20분 정도 해 본 게 전부였다. 그런데 샘이 얼마나 강렬한 경험을 했는지를 듣고 나자 직감적으로 명상을 해 봐야겠다는 생각이 들었다. 나는 미국에서 같은 명상 기법을 가르치는 교육과정에 등록했다. 그가 무엇을 얻었든 나도 그것이 필요했다.

• 내면 치유 •

2012년 7월, 처음으로 위빠사나 명상 과정을 수강했다. 위빠사나 명상은 붓다의 근본 가르침에 뿌리를 두고 있지만 그 현대적인 해석은 사야지 우 바 킨(Sayagyi U Ba Khin)의 제자이자 인도계 미얀마인 고엔카(Goenka)에 의해 시작되었다. 1969년 고엔카는 인도에서 명상을 가르치기 시작했는데, 시간이 흐르면서 위빠사나는 전 세계로 퍼져 나갔다. 2013년에 타계한 고엔카를 직접 만나 볼 기회는 없었지만 지금까지 나는 그를 스승으로 생각한다.

첫 명상 코스는 상당히 어려웠다. 나의 오래된 조건화가 수련을 거부하려고 발버둥 치는 탓에 명상하는 내내 고생했다. 그저 벗어나고 싶은 마음뿐이었다. 명상을 시작한 지 며칠이 지났을 무렵, 나를 수행 장소까지 태워다 준 사람을 바라보며 저 사람도 나처럼 떠나고 싶을까 궁금해했던 기억이 난다. 그는 계속 수행하기로 결심한 듯 보였다. 그때는 우버(Uber)나 리프트(Lyft) 같은 승차 서비스가 대중화되기 전이라 집으로 돌아갈 방법이 마땅치 않았다. 수련회는 워싱턴주의 작은 마을에서 열렸고, 나는 알고 모든 사람에게서 멀리 떨어져 있었다.

돌이켜 보면 집까지 쉽게 돌아갈 방법이 없었던 게 너무나도 감사하다. 7일째 되던 날, 마침내 나는 탈출할 생각을 접고 명상에 몰두하기 시작했다. 그리고 명상 수련회가 끝났을 때 내가 찾던 깊은 치유의 유형에 꼭 맞는 특별한 무언가를 찾았다. 인생에서 그 어느 때보다 기분이 좋았다. 마음이 한결 가벼워지고 열린 듯했으며 더 이상 감정이 막히는 느낌이 들지 않았다. 삶을 음미하고 매 순간을 즐기는 게 더 쉬워졌다. 완전히 치유된 건 아니었지만 꾸준히 수련하면 삶을 변화시키는 심오한 결과를 얻으리란 걸 어렴풋이 알 수 있었다.

첫 번째 명상 과정을 수강한 후 극적인 마음의 변화를 느낀 나는 그해 9월에 다른 명상 과정에 등록했다. 이미 명상으로 많은 것을 얻고 있었지만, 그것이 어떻게 작동하는지 완벽하게 이해하지 못했고 더 잘 수련하는 법을 배우고 싶었다. 치유에 필요한 건 노력과 시간이라는 사실이 금세 분명해졌다. 시간과 노력을 들일수록 더 큰 결과를 얻을 수 있었다. 나는 1년에 몇 개의 명상 과정을 수강하는 좋은 루틴을 갖게 되었다. 많은 시간을 할애해야 했지만 무엇보다 치유가 우선이었다. 웰빙을 최우선 과제로 삼고 평생 쌓아 온 모든 해로운 패턴을 직접 해결해야 할 필요가 있었다.

정말 충격적이었던 건 진정한 치유가 가능하다는 사실이었다. 살면서 나는 누구나 자기만의 정신적 짐을 안고 있으며, 영원히 그것을 짊어지고 살아야 한다는 생각을 무의식중에 받아들이고 있었다. 마음이 얼마나 유연한지, 의도적이고 자기성찰적인 행동이 개인의 고통을 어떻게 완화할 수 있는지 이해하지 못했다. 처음에는 변화가 진짜인지, 마음이 정말 가벼워졌는지 의심이 들기도 했다. 내가 무언가를 억누르고 있는 건 아닌지 확인하고 싶었다. 변화는 진짜였다. 힘든 일이 생겨도 다시 약물에 의지하지 않았고 삶의 우여곡절이 극단적으로 느껴지지 않았다. 무엇보다 사람들을 대하는 방식에서 변화의 증거가 나타났다. 과거에는 쉽게 이기심에 빠져들곤 했지만—장기간의 결핍은 사람을 자기중심적으로 만든다—점점 더 내 마음은 다른 사람에 대한 사랑과 연민을 느꼈다. 힘든 순간에도 그런 마음이 살아 숨 쉬며 존재감을 드러냈다.

2015년쯤, 마침내 나는 일상에 명상을 적용할 만큼 성장하고 치유되었다. 지금도 나는 같은 방식으로 명상을 이어 가고 있다. 명상으로 얼마나 치유가 되었는지 수치화하기는 어렵지만, 분명한 건 어려움이 닥쳤을 때 더는 도망치거나 힘든 감정을 억누를 필요를 느끼지 않는다는 점이다. 명상은 마음이 끝없이 요동치며 반응하게 내버려 두는 대신 평정심(마음의 균형, 갈망이나 혐오 없이 관찰하는 능력)을 기르는 법을 가르쳐 주었다. 묶인 마음을 풀어내는 이러한 과정이 잠재의식에 쌓인 것들을 정화하는 데 도움이 되고 있다. 이제 나는 단지 반응하고 긴장을 증폭시키는 대신 평온함으로 마음과 몸 안에 있는 진실을 관찰할 수 있다.

나는 마음이 완벽해졌다거나 완전히 현명해졌다고 느끼지 않는다. 완전한 해방을 향한 여정은 앞으로도 계속될 것이다. 다만 지금 내딛는 발걸음이 실재적이고 실질적임을 느끼게 해 주는 분명한 길을 걸어가고 있다. 마음이 고통과 걱정, 불안으로 가득 차 있던 예전의 나는 이미 오래전에 사라졌다. 여전히 가끔씩 힘든 감정을 느끼지만 이전과 같은 격렬함과는 거리가 멀다. 마음의 긴장은 줄어들었고, 내 삶과 내가 사랑하는 사람들의 삶에 더 효과적인 방식으로 나타날 수 있게 되었다. 이는 진정한 승리처럼 느껴진다.

반응은 생각이 아닌 느낌이다

사람은 누구나 고유한 조건화 프리즘을 가지고 있다. 치유하고자 하는 이유도 저마다 다르다. 유년기의 고통과 트라우마, 유년기 이후에 겪은 상처, 시간이 지나면서 굳어진 패턴, 맹목적인 반응, 알아차림 및 경계의 부재 등이 인생의 고난으로 등장하는 주요 요인일 수 있다.

성격과 패턴에 큰 영향을 미치는 밀도 높은 조건화는 대개 어린

• 내면 치유 •

시절에 축적되는데, 이후에도 새롭게 만들어지는 과정을 멈추지 않는다. 내가 어떠한 감정을 느끼고 거기에 반응할 때마다 마음의 잠재의식에 각인을 남기게 되고 이미 만들어진 조건화를 변화시킨다. 어린 시절의 경험은 물론 지대한 영향을 미치지만 인생을 살아가면서 얻는 상처 역시 마찬가지다. 모든 감정은 그 순간에만 느끼는 것이 아니라 그것에 반응할 때마다 미래에도 계속해서 같은 감정을 느끼도록 설정된다. 잠재의식은 우주의 다른 측면과 마찬가지로 항상 움직이기 때문에 인간의 성격은 결코 완전히 고정되지 않는다.

잠재의식은 오래된 패턴을 버리거나 새로운 패턴을 습득하는 능력이 있다. 인간의 마음은 평생토록 유연하고 변화무쌍한 상태를 유지한다. 그래서 격렬하게 반응할 때마다 그것은 나의 현재와 잠재적인 미래에 흔적을 남긴다. 갈수록 더 많은 흔적을 쌓아 가는 긴 흐름을 지속하든 아니면 반대로 안에 담긴 것을 스스로 정화해 나가든, 어느 쪽이든 잠재의식의 변화는 성격에 변화를 일으킨다. 인간은 한시도 같은 상태로 머물 수 없다. 따라서 진정한 존재의 핵심은 변화이다. 치유가 가능한 이유 역시, 무의식적으로 삶의 우여곡절에 휩쓸려 가지 않으면서 의도적으로 내면의 자연스러운 변화의 흐름에 방향을 제시해 줄 수 있다는 데 있다.

커다란 오해 중 하나는 반응이 나의 생각이나 다른 사람이 나에게 하는 행동에 따른 것이라는 믿음이다. 마음이 너무 빨리 움직여서 겉보기에는 그렇게 보일 수 있다. 하지만 붓다가 가르침을 통해 분명히 밝혔고 고엔카 또한 열흘간의 명상 코스를 통해 강조했듯이, 거기에는 알아차림으로 감지할 수 있는 미묘한 과정이 있다. 특히 마음에서 떠오르는 생각은 몸의 감각과 동시에 발생한다. 즉 반응은 생각이 아니라 느낌에 따른 것이다.

좋아하는 걸 생각하거나 듣거나 맛보거나 만지면 몸이 즐거움을 느낀다. 그러면 그 느낌에 갈망으로 반응해서 기분 좋다고 느껴지는 것이면 무엇이든 점점 더 원하게 된다. 하지만 필연적으로 그것은 무상할 수밖에 없다. 반대로 기분 나쁜 것을 접할 때도 같은 과정이 일어나고 이에 반응하는 불쾌한 감각을 몸에서 경험하게 된다. 말하자면 마음의 긴장 상태는 몸에서 일어나는 불쾌한 감각에 대한 혐오에서 비롯된다. 이러한 정신적 과정의 처리 속도는 너무나도 빨라서 거의 눈에 띄지 않는다. 그래서 우리는 항상 생각하고 말하고 일을 처리하고 분석하는 매우 지적인 존재임에도 느낌과 느낌에 대한 반응이 스트레스와 정신 상태에 얼마나 큰 영향을 미치는지 미처 깨닫지 못한다.

분명 다른 사람은 나에게 해로운 영향을 끼칠 수 있다. 그러한 현실을 축소하려는 게 아니다. 자기 자신이나 다른 사람에게 해를 끼칠 수 있는 잠재적인 위험에 처했을 때는 피해를 예방하기 위해 강력하고 의도적인 조치를 취해야 한다. 그러나 외부의 사물이 감정을 결정하는 게 아니라 내가 느끼는 것을 인지하고 반응하는 과정이 마음 안에서 일어나고 있음을 이해하는 일이 중요하다. 나의 반응이 기분에 미치는 영향과 마음에서 느껴지는 긴장의 정도를 볼 수 있으면 스스로에게 얼마나 많은 고통을 주고 있는지 알 수 있다. 또한 이러한 깨달음은 반응 방식이란 게 고정되어 있지 않으므로 얼마든지 치유할 수 있다는 희망을 준다. 치유는 과거의 상처에 얽매이기보다 더 평화롭고 덜 긴장된 삶을 살 수 있음을 의미한다. 긴장의 근원을 인식하면 지금 있는 자리에서 나를 만나는 방식으로 문제를 해결할 수 있다.

처음 보이는 즉각적인 반응이

내가 어떤 사람인지 말해 주지 않는다

이후에 어떻게 대응하기로 했느냐가

내가 얼마나 성장했는가에 대한

진정한 통찰을 제공한다

처음의 반응은 나의 과거이며

의도한 대응은 나의 현재이다

치유 너머 해방으로

이 책은 치유와 해방에 관한 간단한 메모이다. 나는 직접적인 경험을 통해 얻은 이해를 바탕으로 글을 쓰지만, 붓다의 가르침을 진지하게 받아들이지 않았다면 그런 경험 자체가 불가능했을 것이다. 집착과 반응에 관한 나의 이해 중 상당 부분은 붓다의 가르침과 명상을 통해 관찰한 것들의 맥락 안에서 이루어졌다.

나는 변화를 위해 명상에 돌입했다. 명상이 마음의 무거움을 치유하고 더 나은 삶으로 인도해 주리라 직감적으로 느꼈기 때문이다. 수련회에 다니면서 확실히 나는 그것을 얻었다. 뿐만 아니라 시간이 지남에 따라 붓다의 가르침에 담긴 미묘한 측면들이 더욱 명징해지고 완전한 해방이 가능하다는 생각도 이해되기 시작했다.

나는 지역사회 조직가로 일하면서 집단 해방의 개념을 접한 적이 있기에 해방이 내적이며 개인적인 역동성을 가질 수 있다는 사실이 당연하게 여겨졌다. 위빠사나의 가르침에 따르면, 인간에게 불만족이 만연한 것은 갈애 때문이며 누구든지 갈애를 뿌리 뽑고 완전한 해방을 이룰 수 있다.

치유와 해방은 같은 길을 따른다. 정신적인 고통은 반사적이고 통제되지 않은 반응에서 비롯되기 때문이다. 진정한 치유는 이러한 반응의 강도를 완화하는 데 도움이 된다. 해방의 길 역시 이와 같은 일을 하지만 훨씬 더 멀리 나아간다. 만약 누군가가 이 길을 온전히 걸어가기로 한다면 마침내 그는 완전한 괴로움의 소멸에 다다를 것이다.

이 책의 초점은 치유다. 명상, 치료 요법, 혹은 삶에 긍정적인 영향을 미치는 어떠한 치유 기법을 이용하든 간에 치유 작업을 심화하는 동안 건너게 되는 문턱을 다룬다. 치유는 영적인 사람이든 아니든 모든 사람을 위한 것이다. 무거운 마음과 압도하는 감정을 갖는다는 게 어떤 의미인지 모두 알고 있기 때문이다. 나는 개인적으로 치유가 필요하다는 걸 알고 있었지만, 내가 찾은 치유법은 치유 너머 진지한 해방의 길로 나를 이끌었다. 그 길은 지금껏 내가 걸어온 길이며, 아직 가야 할 길이 멀기에 계속해서 걸어갈 계획이다. 비록 내가 걷는 길은 특정한 전통에서 나온 것이지만 내면으로 주의를 돌림으로써 분명해지는 여러 치유 경험들 사이에는 유사점이 있다.

단 하나의 길은 없다

내게는 위빠사나 명상이 치유의 길이었지만 이것만이 유일한 길은 아니다. 어떠한 방식도 치유를 독점할 수 없다. 이 시대의 특별한 점은 사람들에게 실질적인 결과를 가져다주는 자기 성찰법이 무수히 많다는 것이다.

사람은 누구나 비슷한 감정의 스펙트럼을 경험하고, 애착이나 오래된 패턴과 비슷한 싸움을 경험한다. 그러나 동시에 서로를 차별화하는 고유한 조건화를 가지고 있다. 세상에 똑같은 여정을 걸어온 사람은 아무도 없으며, 각자 치유를 시작할 때 거쳐야 하는 자기만의 감정 이력이 있다. 저마다 고유한 조건화를 가지고 있기에 어느 한 사람의 치유 방식이 모든 사람에게 적용되지 않는다. 이것이 자기 성찰의 까다로운 측면 중 하나이다. 나에게 맞는 도구나 기법을 찾아서 나만의 길을 가야 한다. 다행히 새로운 방법을 개발할 필요는 없다. 갈수록 치유법은 다양해지고 접근성이 좋아지고 있다.

친구나 가족에게 효과가 있는 방법이라도 나에게는 적합하지 않을 수 있다. 그래서 치유 여정을 시작할 때 나에게 잘 맞는 방법이 무엇인지 알아내는 일이 중요하다. 내가 하는 일이 나의 직관과 일치해야 하기 때문이다. 도전적이면서 너무 벅차지 않은 방식을 찾는 것이 핵심이다. 자신의 감정 이력에 주의를 기울일 때 일어나는 일을 처리할 만한 에너지가 있다면, 그 순간 최적의 위치에 있음을 알게 된다. 어떤 사람은 심각한 트라우마 경험으로 인해 내면으로 들어갈 때 조심스럽게 조건화에 접근해야 하는 반면, 즉각적이고 강력한 치유법을 사용할 수 있는 사람도 있다.

진정한 치유는 나와 행복 사이에 간격을 만드는 장애물, 이야기, 경직성을 풀어내는 데 도움이 되는 탈조건화 과정이다. 치유는 나를 알고 사랑하는 데서 시작된다. 내가 얼마나 많은 짐을 들고 다니는지 보고 느끼는 순간, 비로소 내려놓을 때가 되었음을 분명히 알게 된다.

성찰하기

- 자신의 감정 이력을 점검하고 있는가?

- 어떤 부분에서 치유가 필요한가?

- 삶에서 반복적으로 나타나는 주요한 패턴은 무엇인가?
  힘든 상황에서 나타나는 패턴은 무엇인가?

- 어린 시절이 현재의 조건화와 성격에 어떤 영향을 미쳤
  는가?

- 어린 시절 이후에 생긴 상처 중 가장 두드러지는 것은 무
  엇이며, 그것이 삶에 어떤 식으로 반향을 일으켰는가?

- 자신의 과거와 충동적인 반응 사이에 연관성이 보이
  는가?

• 내면 치유 •

3장

•

모든 것은 시작과 끝이 있다

- 내려놓음 -

•

나는 치유 과정에서 슬픔과의 투쟁을 반복했다. 그것은 어려운 상황에 대한 일반적인 반응이었고 때때로 이유 없이 나타나기도 했다. 첫 책(『나는 나를 괴롭히지 않겠다: 진실한 나로부터 솟아나온 이야기』)을 집필할 때, 이따금 며칠 동안 계속되는 엄청난 무게의 우울감이 무작위로 덮쳐왔다. 책을 쓰는 일이 성취해야 할 엄중한 일처럼 느껴졌고 마음이 그 불안감을 받아 슬픔으로 반응했다. 그때 나는 이미 매일 명상을 하고 있었기에 내면의 많은 것들이 밖으로 나와 나를 마주하려 하고 있었다. 슬픔은 현재에 대한 불만족이라는 감정에 집중되어 있었지만, 실은 이 무거운 감정은 그보다 훨씬 더 오래된 것이었다.

　치유가 시작되면 이따금 표면적으로는 현재 상황 때문인 것처럼 여겨지는 강렬한 감정이 촉발되는데, 사실 그 감정은 과거에서 온 것이다. 훗날 나는 내면에서 슬픔이 일어날 때마다 마음이 비워지고 있음을 깨달았다. 그 시간들이 어려서부터 내 잠재의식에 자리 잡고 있던 슬픔을 효율적으로 처리하도록 도와주었다. 일상이든 명상하는 와중이든, 이는 내가 몇 년간 마주해야 할 치유 과정의 일환이었다. 변화는 시간이 지남에 따라 점진적으로 이루어졌다. 변화가 나타날 때면 나는 그것의 무게를 느끼고 받아들였으며 무거움은 점차 희미해져 갔다. 지금도 가끔 슬픔이 찾아오지만 예전처럼 압도적인 무거움으로 다가오지는 않는다.

내려놓음의 본질은 지금 이 순간을 깊이 받아들이는 것이다. 있는 그대로 받아들일 수 있으려면 기대하는 마음을 버려야 한다. 내려놓음이라는 변화의 과정은 서서히 나아가는 여정이다. 천천히 자신을 훈련함으로써 더는 과거에 살지 않고 짊어진 감정적 짐을 내려놓아야 한다. 과거를 치유하는 동안에도 마음을 짓누르는 짐은 계속해서 나타나 과거의 행동으로 돌아가는 잠재적인 길로 우리를 유혹할 테지만, 현재에 익숙해지면 힘든 일이 있을 때 마음에 끊임없이 떠오르는 새로운 길로 관심을 돌릴 수 있다. 이는 과거를 억압하거나 무시하는 게 아니다. 과거보다 현재를 존중함으로써 오래된 방식으로 행동하려는 힘을 약화하는 일이다. 삶은, 미래는 내가 정신적 에너지를 어디에 어떻게 집중하느냐에 따라 달라진다.

인간은 마음의 긴장을 놓지 않고 무의식적으로 그것을 붙들고 있으려는 경향이 있다. 인간으로서 존재하는 데 따르는 가장 큰 어려움 중 하나는 우리가 반응할 때마다 행동과 감정의 패턴이 잠재의식에 깊이 각인되어 끊임없이 축적된다는 사실이다. 긴장을 유발하는

●

몇 번이고 내려놓아라

오래된 패턴이 나를

자꾸만 과거로 끌고 가려 할 때

마음속 이야기가 거세게 소용돌이칠 때

또 다른 문제가 마음에 더해질 때마다

내려놓아라

치유는 반복 속에 피어난다

곧 평화에 익숙해질 것이다

심각한 외부 상황에 의한 것이든, 마음을 가득 채우는 상상의 이야기에 의한 것이든, 즉각적인 반응은 현실로 복귀하고 균형을 되찾기 위한 올바른 정신적 에너지 사용법이 아니다. 이는 이미 존재하는 긴장 위에 긴장을 더함으로써 나를 악순환의 고리에 갇히게 한다.

반응은 대체로 충동적이다. 감정이 폭발할 때 우리는 지금 행동이 미래에 유사한 상황이 발생할 때 느낄 감정을 증폭할 뿐이라는 사실을 깨닫지 못한 채 즉각적으로 감정을 자극하고 강화한다. 끊임없이 패턴을 반복하고 새로운 방식으로 행동하고 생각하는 능력을 둔화시키면서 마음은 계속해서 과거의 렌즈로 현재를 바라본다.

붙잡기는 두려움과 결핍에서 비롯된 생존 전략이다. 두려움은 안전에 대한 갈망이다. 두려움이 지배하는 마음은 여전히 생존 모드에 있는 마음이다. 외부 환경이 상대적으로 고요할 때조차 생존 모드로 사는 마음은 방어적인 자세를 취하며, 준비 태세를 유지하기 위해 무엇이 잘못되지는 않을까 가상의 시나리오를 탐색한다. 안전을 염두에 두는 게 잘못은 아니지만, 이런 일이 계속되면 불안감으로 인해 항상 초경계 태세에 있는 극단의 상황으로 치달을 수 있다. 두려움 속에서 살다 보면 평화로부터 멀어지게 된다.

내려놓는 법을 배우려면 먼저 내가 붙들고 있는 게 무엇인지를 알아야 한다. 원하는 대상을 향한 집착 외에도 완전히 자유로워지는 것을 방해하는 수많은 오해가 우리 정신에 뿌리 깊게 자리 잡고 있다. 내적 갈등을 일으키는 몇 가지 보편적인 영역을 깊이 들여다봄으로써 이를 파악할 수 있다. 자신이 어느 부분에서 어려움을 겪고 있는지 알게 되면 길을 가로막는 장애물을 제거하고 문제를 해결할 수 있다.

반응할수록 스트레스가 커진다

변화에 마음이 열려 있다면, 먼저 어려움의 상당 부분이 스스로 초래한 일임을 받아들일 필요가 있다. 얼마나 자주 헛된 상상으로 인해 평화로운 순간이 방해받았는가? 얼마나 자주 갈망하는 마음이 눈앞의 풍요를 온전히 즐기지 못하도록 가로막았는가? 어떤 순간을 초조하게 기다리다가 그 순간이 오자마자 부족한 점을 찾는 데 몰두하기 시작했던 게 몇 번이던가? 우리는 항상 더 많은 것을 원한다. 마음은 불만으로 치우치는 경향이 있다. 이러한 마음은 충분히 기쁨을 누리지 못하고 있음을 깨닫지 못한 채 모든 일을 조목조목 따지며 꼬투리를 잡는다.

나에 대한 권한을 갖는다는 건 행복과 치유에 대한 책임 또한 가짐을 의미한다. 그렇게 할 때 실제로 내가 통제할 수 있는 것들을 관리할 수 있게 된다. 계속해서 마음의 긴장을 다른 사람 탓으로 돌리고, 뚜렷한 방향 없이 이리저리 떠밀려 다니고, 과거에 겪은 힘든 일이 현재의 감정을 지배하도록 내버려두기란 너무도 쉽다. 그러나 희생자가 되려는 마음을 내려놓고 자기 삶에 책임을 지고자 할 때 기분도 삶도 훨씬 나아진다는 사실을 명심하자.

살다 보면 원치 않는 부정적 경험이나 트라우마를 겪기도 하고, 때로는 다른 사람에 의해 상상 이상의 해를 입기도 한다. 그러나 잠재의식에 무거운 짐을 지우고 인식을 왜곡하는 마음속 각인을 바로잡고 치유하려면 스스로 자신의 영웅이 되어야 한다. 그것을 피할 방법은 없다. 나와 내 마음 안에서 일어나는 일에 관해서 만큼은 누구도 나를 구해 줄 힘이나 권한을 가지고 있지 않다. 치료사나 명상 지도자, 상담사, 코치가 할 수 있는 일은 내가 본연의 힘을 되찾도록 인도하는 것뿐이다. 이들은 구세주가 아니다. 인도자는 바른길을 알려 줌으로써 더는 마음의 짐을 짊어지지 않고 살아갈 수 있도록 이끌어 주는 사람이다.

많은 사람이 자신의 내적 스트레스와 긴장의 원인이 다른 사람에게 있다고 생각한다. 그리고 그들이 바뀌면 자기 삶이 근본적으로 나아질 거라고 믿는다. 우리는 스스로 일으키는 문제를 인식하지 못한다. 물론 주변 사람들이 바뀌면 도움이 되겠지만 그것은 내가 통제할 수 없는 부분이다. 특히 그 사람이 심각할 정도로 해를 끼치는 존재라면 더욱 그렇다. 그들에게 변화를 강요할 수 없다. 이러한 상황에서는 자신의 힘에 기대어 닥쳐올 해악으로부터 스스로를 구하는 것이 최선이다. 누가 어떤 말을 하더라도 그들 자신만이 실제로 변화를 가져올 수 있다. 또한 그 변화는 오직 그들의 내면으로부터 나온다. 내가 다른 사람에게 영감을 줄 수 있을지는 몰라도 그들의 길을 대신 걸어 줄 수는 없다.

스트레스의 원인이 외부에 있다고 생각하는 건 착각이다. 내면으로 눈을 돌려 마음이 움직이는 방식에 세심한 주의를 기울이기 전까지는 모두가 그 착각에 속는다. 누군가가 나에게 비열하거나 해로운 행동을 할 수 있다. 그러나 무슨 일이 일어나고 있는지 인식하고 그에 반응하는 방식은 내 마음 안에 있다. 나의 반응 강도가 내 스트레스 수준을 결정한다. 반응이 클수록 스트레스도 커진다. 만약 과거가 스트레스로 가득 차 있다면 스트레스 반응이 훨씬 더 쉽게 촉발될 것이다. 그때는 겉보기에 사소해 보이는 일조차 극도로 불균형적인 스트레스 반응을 일으킬 수 있다.

인생의 가장 큰 발전은 나를 변화시키는 데서 온다. 내가 느끼는 스트레스의 양은 나의 반응 강도에 따라 달라지기에 스트레스를 통제할 유일한 해결책은 자기 자신을 바꾸는 것이다. 다른 사람을 비난한다고 해서 결코 내 안의 스트레스가 사라지지 않는다. 행복으로 가는 유일한 길은 인간의 조건에 대한 더 많은 지혜를 바탕으로 자기 알아차림을 높이는 것이다. 한편 내려놓음은 나라는 존재가 과거와 상관관계에 있음을 깨닫는 일이기도 하다. 시시때때로 변하는 감정은 내가 생각하고 말하고 행동하는 데 큰 영향을 미친다. 다른 사람의 행동은 나와 관련이 없다. 그것은 그들이 현재 느끼는 감정과 그들의 감정 이력과 관련되어 있을 뿐이다.

어려움이 곧 고통은 아니라는 걸 깨달으면 모든 것이 바뀐다. 어려움에 대한 반응이 마음을 긴장과 투쟁으로 채운다. 스스로를 자유롭게 하기 전에 먼저 내가 상황을 더 어렵게 만들고 있지 않은지 돌아볼 필요가 있다. 대부분은 관찰하는 여유를 갖도록 마음을 훈련하는 데서 진정한 힘이 비롯된다는 사실을 받아들이지 않는다. 대신 외부에서 벌어지는 일이 감정을 좌우하도록 허용하면서 스스로 반응의 굴레에 갇혀 버린다. 반응하기보다 관찰하는 데 더 많은 시간을 들이면 반응이 곧 긴장을 의미한다는 걸 알아차릴 것이다. 반응의 부재는 본질적으로 내려놓는 심오한 능력이다. 만약 자신이 반응하는 데 평생을 보냈다면 하룻밤 사이에 완벽하게 관찰하는 능력이 연마되리라 기대하지 말자. 수없이 반복되어 형성된 습관을 끊으려면 시간과 의지가 필요하다.

정신적 상황을 통제할 힘이 없다는 수동적인 생각을 버리는 것도 중요하다. 기분에 영향을 미치는 가장 큰 지렛대는 반응이다. 기분이 좋지 않음에 반응하면 기분이 더 나빠진다. 무언가를 싫어하는 마음에 반응하면 분노의 감정이 싹튼다. 반응은 격동하는 마음에 불을 지피고 계속 타오르게 해서 부정적인 감정이 온 마음에 퍼지도록 만든다. 내면의 문제가 통제되지 않은 반응으로부터 얼마나 많은 영향을 받는지를 이해하면, 반응을 관리하는 일이 삶을 향상하는 데 어떤 식으로 도움이 되는지 알 수 있다. 반응의 관리는 감정의 억누름이 아니다. 스스로에게 솔직해진다는 건 힘든 감정을 거부하지 않고 모든 감정을 포용한다는 뜻이다. 반응을 관리하려면 어려운 상황에서 마음속에 어떤 일이 일어나는지 세세하게 알 필요가 있다.

보통은 감정이 올라오면 그것이 자신을 압도하게 허용하고, 그러다가 그 감정 자체가 되어 버린다. 강렬한 감정이 주도권을 잡고 인식과 행동을 지배하게 내버려둔다. 반응을 관리한다는 말은 힘든 감정이 들 때 그 감정을 알아차리고, 처음에는 그것에 반응했을지라도 지속적으로 그 반응을 키워 나갈 필요가 없음을 이해한다는 의미이다. 감정 자체가 되지 않으면서 감정의 존재를 존중할 수 있다. 감정의 불을 더 크게 타오르게 하는 대신 그것을 관찰하는 데 집중하고, 모든 게 그렇듯이 감정 역시 변하리란 사실을 상기함으로써 그렇게 할 수 있다. 변화를 이루는 데 가장 중요한 것은 알아차림이다.

내면으로 관심을 돌리면 과거를 반복하기보다 더 많은 선택지가 있음을 볼 수 있다. 내려놓음을 어렵게 생각할 필요 없다. 이는 나를 더욱 분명히 바라보는 능력을 기르는 일이다. 스스로를 제대로 볼 수 없다면 이전과 같은 방식으로 계속 반응하는 것 외에는 다른 선택지가 없다. 하지만 자극과 반응 사이의 미묘한 공간을 인식하고 반응의 굴레에서 벗어날 수 있다면 큰 차이를 만들 수 있다. 초기 반응을 알

• 내면 치유 •

아차린 다음 내면에서 일어나는 일을 평가하는 데 의도적으로 시간을 할애하면, 순간적인 감정이 나를 집어삼키게 하는 대신 그것을 관찰함으로써 평화롭게 대응할 수 있다.

삶은 변화의 산물이다

변화에 대한 가장 일반적인 반응은 저항이다. 우리는 젊음을 유지하길 바라고 완벽한 건강 상태를 이루길 갈망한다. 또한 사랑하는 사람이 절대로 내 곁을 떠나지 않기를 원한다. 즐거운 순간과 편안한 시간이 늘 그대로이길 희망한다. 인간의 마음은 좋은 일이 영원히 지속되리란 환상을 유지하기 위해서 변화가 일어날 수 있다는 가능성을 무시하는 데까지 이를 수 있다. 기분 좋은 것에 대한 갈망은 때로 너무 강렬해서 힘든 일이 일어나고 있음을 인정하려 들지 않을 때가 있다.

변화의 흐름에 저항하면 가늠할 수 없을 만큼 힘든 투쟁을 하게 된다. 그것은 마치 맑은 강물의 흐름을 거슬러 상류로 올라가려는 것과 같다. 그러면 얻는 것 하나 없이 변화에 맞서는 데 시간만 허비할 수 있다. 변화는 언제나 승리한다. 그저 내려놓고 자연의 흐름에 따라 움직이면, 때때로 힘든 상황에 직면하게 되더라도 이전처럼 심한 정신적 압박감에 시달리지 않을 것이다. 내면의 조화를 이루고 싶다면 이 기본적인 법칙과 먼저 조화를 이루어야 한다. 변화를 받아들이는 일은 고통을 완화하고 궁극적으로 고통을 없애는 길이다. 변화는 우주라는 거대한 원을 하나로 묶는 진리이다.

변화를 두려워하는 데 너무 많은 시간을 허비하면 변화를 즐기는 법을 잊게 된다. 마음과 물질의 우주 안에 있는 모든 것은 변화 덕에 존재한다. 원자와 분자부터 인간이 매일 상호작용하는 정신적이고 관습적인 수준에 이르기까지, 상상할 수 있는 모든 존재는 끊임없이 움직인다. 이 보편적인 변화무쌍함의 특성은 어디에나 존재하며, 우리가 이를 알아채든 그러지 못하든 상관없이 현실에 영향을 미친다. 변화가 없다면 삶 자체가 불가능하다. 이 변화를 바라보고 대하는 태도가 마음속 평화의 수준을 결정한다. 내가 만난 현명하고 행복한 사람들은 모두 끊임없이 변화의 진리에 몰두한다. 그들은 '영원'이라는 가치를 좇지 않는다. 그래서 남들보다 쉽게 삶의 우여곡절을 헤쳐 나가고 매 순간을 진실하게 대한다.

내가 존경하는 명상 스승은 50년 넘게 위빠사나 명상을 실천해 왔다. 그는 항상 무상함을 곰곰이 생각하면서 맞닥뜨린 상황에 눈에 띄는 반응을 보이지 않는다. 그의 지혜는 자아라는 관념에서 벗어나 자기 삶을 봉사의 수단으로 사용하는 데서 비롯된다. 자아를 넘어선 그의 능력은 실제로 그를 삶과 그가 머무는 순간에 더욱 깊이 연결되게 한다. 어느 날 나는 그와 함께 걸으며, 그가 세상을 떠난 뒤 오랜 시간이 지나고 나서 찾아올 미래에 대해 이야기 나누었다. 그의 말속에는 슬픔도, 당부의 말도, 때가 되면 어떻게 해야 한다는 집착도 없었다. 어떤 종류의 영광도 추구하지 않았고 기억되기를 갈망하지도 않았다. 무엇보다 가슴에 와닿았던 건 봉사하는 삶에서 오는 행복감이든 죽음에 관한 생각이든 그에게 두려움을 주지 않았다는 사실이다.

인간의 인식은 지극히 관습적인 차원에 맞춰져 있어서, 늘 크고 작은 변화가 일어나며 앞으로도 변화가 계속되리란 사실을 쉽게 잊곤 한다. 원자 수준에서 일어나는 빠른 변화는 마음으로 파악하기가 어려워서 간과하기 쉽다. 반대로 행성과 별의 느린 변화는 현실과 너무 동떨어져 있어서 쉽게 간과된다. 무상함은 개인의 삶에서조차 중대한 사건이 벌어지기 전까지는 떠올리기 힘든 생각이다. 그래서 어려운 감정을 경험할 때면 우리는 마치 그것이 영원할 것처럼 느낀다. 머지않아 다른 감정이 그 자리를 대신하리란 사실을 잊은 채 그것이 영원히 지속될 것처럼 반응한다.

모든 것은 변화의 과정을 거쳐 지금과 같은 모습으로 존재한다. 소중한 사람들, 기쁨의 순간들, 사랑, 나를 치유하고 내가 더 나은 삶을 살도록 돕는 승리의 경험들, 이 모든 것을 가능하게 하는 힘이 바로 변화이다. 만약 모든 것이 고정불변한다면 세상에 새로울 게 없을 것이다. 삶 자체가 변화의 산물이다. 아무리 달거나 쓰더라도 영원한 건 없다. 이러한 변화에 대한 알아차림이 자랄수록 집착은 사라지고, 만물이 생겨났다 사라지는 진리를 평화롭게 받아들이며 사랑으로 현존할 수 있다.

보통은 아끼는 무언가를 잃었을 때 변화를 알아차리게 되는데, 변화를 받아들일수록 삶의 가장 달콤한 부분인 사랑·기쁨·연민이 실제로 더 강렬하고 명확해진다는 사실을 유념한다면 건강한 정신적 균형을 유지할 수 있다. 수동적인 자세로 변화를 싫어하기보다 이해하려고 노력하는 편이 더 낫다. 변화는 무언가를 앗아가기도 하지만 우리 안에 행복과 지혜를 채워 주는 위대한 역할을 하기도 한다.

정신적 고뇌는 대부분 변화에 대한 저항에서 시작된다. 마음이 변화에 적응하면 불만과 고뇌는 자연스럽게 줄어든다. 정신에 가장 해로운 적 중 하나는 변화와의 싸움이다. 마음속 긴장의 상당 부분은 삶의 즐거움을 놓지 않고 그대로 유지하려는 집착에서 비롯되는데, 이는 결국 변화라는 벽에 부딪힐 수밖에 없다. 시간을 멈추거나 순간을 지우는 일은 불가능하기 때문이다. 내려놓아야 할 건 내려놓아야 한다. 변화라는 굽이진 언덕을 보다 쉽게 넘어가려면 시작과 끝의 연속적인 흐름을 잘 이해해야 한다. 가끔씩 의도적으로 감사하는 시간을 갖듯이, 변화는 내면과 주변에서 상시로 일어나는 일이며 그로 인해 우여곡절을 겪을 수 있음을 기억하는 시간을 갖는다면 사고방식에 긍정적인 영향을 미칠 수 있다. 변화는 피할 수 없는 것이라서 완전히 받아들이는 일 외에 고를 수 있는 선택지는 없다.

최근에 어떤 사람이 나에게 물었다. "당신이 삶에서 배운 것을 한 단어로 요약한다면 무엇인가요?" 늘 고민해 왔던 질문이기에 바로 대답할 수 있었다. "무상입니다." 변화는 내 인생의 가장 큰 스승이었으며, 변화에 대한 거부는 내가 느낀 슬픔의 가장 큰 원인이었다. 치유를 시작하기 전 끊임없이 거짓 쾌락의 안식처로 도망치던 시절에는 즐거운 시간이 지나가거나 파티가 끝나면 금세 마음이 불안하고 불만족스러워졌다. 그럴 때면 마음을 진정하기 위해 방으로 들어가 기절할 때까지 대마초를 피워 감각을 마비시키곤 했다. 당시에는 내가 계속해서 부딪히는 장애물이 변화라는 삶의 자연스러운 부분을 거부하는 마음에서 오는 정신적인 불편함을 피하고자 했던 몸부림이었음을 알지 못했다.

변화의 진리를 제대로 이해하고 있었다면 그 시절에 겪은 고통이 훨씬 덜했겠지만, 결과적으로 그 고통은 내가 더 나은 삶을 살아가도록 길을 찾게 해 주었다. 그때 나는 변화를 받아들이지 못하면 좋은 시간이 끝나 감에 대한 불안에 사로잡혀서 그 순간이 생기를 잃어 버리게 된다는 사실을 전혀 알지 못했다. 삶에서 힘든 순간이 끝없는 형벌처럼 느껴지는 이유는 결국에는 그것이 끝나리라는 것, 즉 변화에 대한 이해로부터 마음의 균형을 찾지 못하기 때문이다.

마음과 물질의 역사를 보면 모든 것에는 시작과 끝이 있다. 끝남이 인생의 아름다운 순간을 망쳐 버릴 거라는 두려움은 직관적이지 않다. 변화의 진리를 받아들이고 살아가면 좋은 것은 전부 더 밝아지고 힘든 것은 다 견딜 수 있게 된다.

무엇이 진짜 나일까

여과되지 않은 생각과 말을 통해서만 나의 진짜 모습을 볼 수 있다는, 즉 사려 깊은 과정 없이 드러나는 것이 나의 맨얼굴이라는 흔한 오해가 있다. 사람들은 즉각적으로 반응한다. 그렇게 하는 것이 자신의 정체성을 규정하고 진짜 내면을 드러내는 일이라고 생각하기 때문이다. 이는 완전히 잘못된 생각이다. 나의 진짜 모습은 처음에 보이는 반응이 아니라 그 반응에 뒤따라오는 대응이다. 진짜 나는 과거의 손아귀를 비집고 나와 현재에 서서 진정한 대응을 할 수 있는 사람이다.

처음 보이는 반응은 나의 과거이다. 알고 있든 아니든 상관없이, 과거에 느꼈던 감정은 대부분 내면에 쌓여 있다. 우리의 인식은 오늘을 살면서 마주하는 모든 것을 과거에 느꼈던 유사한 대상에 빗대어 측정한다. 부정적인 반응과 관련된 무언가를 보거나 느낀다면, 지금 일어나고 있는 일에 대한 평가가 과장되고 부정확하더라도 과거와 같은 방식으로 반응할 것이다. 대다수 사람의 인식은 과거로 물들어 있고 언제든 반응은 반복되어 나타날 준비가 되어 있다.

마음은 너무도 빠르게 움직인다. 그래서 실제로는 과거의 경험이 현재의 감정을 좌우하고 있음에도 마치 스스로 진지하게 결정한 일인 것처럼 느낀다. 때로는 화가 나면 소리를 지르거나 큰 소리로 좌절감을 표현함으로써 분노를 표출하는 것이 정당하게 느껴지지만, 사실은 그렇지 않다. 이는 계속해서 커지는 긴장감으로 인해 마음이 과부하 사이클에 갇혀 있음을 보여 줄 뿐이다. 그러기보다 속도를 늦추고 잠시 멈추는 것이 지금 여기에 발을 딛고 서는 데 도움이 된다.

잠시 시간을 내어 현재 일어나고 있는 일을 처리하고, 내가 세상에 보이고 싶은 모습과 지금의 행동을 일치시켜 보라. 그러면 불쑥불쑥 마음이 튀어나올 때보다 실제로 내가 어떤 사람인지 더 잘 보여 줄 수 있다. 충동적인 행동이 '나'라는 생각을 버리고 진정성을 기르는 데 집중하자. 그리고 진정한 자아는 시간이 지남에 따라 변화하고 성숙할 수 있으며, 낡은 생각과 패턴과 정체성에 얽매이는 존재가 아님을 받아들이자.

의도적이라는 건 진정성이 있다는 말과 같다. 따라서 나의 가치관과 내가 가꾸고자 하는 모습을 일치시키는 일은 진짜 나에게로 향하는 문을 여는 진정 어린 행동이다. 의도가 없는 삶은 방향을 잃는다. 의도를 통해 진정한 자기 모습을 드러낼 수 있다. 과거의 내가 현재의 생각과 말과 행동을 지배하게 내버려두면 주어진 삶을 온전히 살지 못한다. 이는 반복적으로 과거를 재생하고 행복을 증진하지 않는 패턴을 강화하는 굴레에 갇힌 삶에 불과하다. 과거에 힘을 실을수록 지금의 나는 정체된다. 익숙함 때문에 과거에 기대는 일이 쉽고 편하게 느껴질지 모르지만, 궁극적으로 이는 현재의 삶에 전혀 도움이 되지 않는다. 삶이라는 강물은 우리가 변화를 받아들이는 쪽으로 움직이길 바란다.

집착은 괴로움의 씨앗이다

마음은 대부분의 동기가 갈망에서 생겨나도록 내버려둠으로써 자연스러운 변화의 흐름에 맞선다. 갈망은 금세 집착이 되어서 현실을 다른 무언가로 바꾸려고 시도한다. 이는 있는 그대로의 현실에 대한 거부이다. 갈망은 나에게 부족한 게 무엇인지, 내가 더 원하는 게 무엇인지를 떠올리는 데 집중하게 만든다. 무언가가 특정한 방식으로 이루어지길 바라는 욕망이 긴장과 결합하면 갈망이 고개를 든다. 특정한 생각에 사로잡혀서 '행복'을 그것에 의존하면 더는 지금 이 순간에 살 수 없게 된다. 대신 현실을 통제하려 애쓴다.

말하자면 무언가가 특정한 방식으로 이루어지길 바라는 끊임없는 갈망의 마음 상태가 바로 '집착'이다(집착이라는 단어는 서양의 기본 상식이나 현대심리학에서 말하는 '애착'과는 전혀 다른 의미이다. 이는 붓다의 가르침에서 나온 것으로 여기에는 동양의 독창적인 감각이 담겨 있다). 마음을 힘들게 하는 집착은 갈망으로 인해 생겨나며 2,600년 전 붓다가 깨달았듯이 이는 고통의 씨앗이다. 갈망은 마음을 긴장으로 가득 채우고 지금 이 순간에 온전히 존재하지 못하게 한다.

상처와 집착은 하나로 묶여 있다. 누군가가 내가 듣고 싶어 하는 것과 반대의 말을 할 때, 또는 내가 집착하는 대상이 시간의 흐름에 침식되어 더는 존재하지 않게 되었을 때, 그때 느끼는 고통은 상상 이상이다. 무언가를 나와 동일시할수록 자아는 그것을 더 강하게 붙들고 있으려고 한다. 붙들고 있는 마음이 가벼울수록 상처가 덜하고, 붙들고 있는 마음이 무거울수록 어려움에 부딪히거나 무언가를 잃었을 때 더욱 심한 정신적 고통을 겪게 된다.

인간의 마음은 단순히 정보를 받아들이기만 하는 게 아니라 정보를 평가하고 그것과 긴장 관계를 형성한다. 마음은 끊임없이 마주치는 사물에 대한 이미지를 만들어 내고 그 이미지들을 특정한 이야기로 묶는다. 이렇게 이야기를 축적해 나가면서 현실을 점점 더 멀리 밀어낸다. 특히 집착은 사랑과 잘 엉겨 붙는 경향이 있어서 사랑하는 사람과의 관계에서 문제의 씨앗이 되는 경우가 많다. 사람들은 자신이 사랑하는 사람이 자기 뜻대로 살아가기를 갈망한다. 진정한 사랑이란 상대의 자유를 지지하는 일임을 알면서도 그들을 통제하고자하는 내면의 힘에 휘둘려 본질을 잊곤 한다.

나는 가족 중에서 처음으로 대학을 졸업한 사람이었다. 다른 어른들의 도움 없이 입학 시험, 대학 지원, 학자금 신청 및 대출 등 낯선 일들을 해 나가느라 벅찼지만 가까스로 그 일들을 해냈다. 훗날 여동생이 이와 같은 상황에 놓였을 때, 나는 지난 경험을 밑천으로 삼아 동생에게 도움을 주고 싶었다. 그것이 또 다른 집착이 될 수 있음을 깨닫지 못했다.

나의 지나친 열정은 동생과의 대화에서 두드러졌다. 나는 동생의 말을 귀담아듣지 않았고, 동생이 자신만의 공간을 가지도록 배려하지 못했다. 동생은 지적이고 독립적인 사람인데, 돕고 싶다는 나의 갈망 때문에 서로 더 가깝게 지낼 수 있는 시기를 허비하고 말았다. 만약 동생이 필요로 할 때만 조언을 해 주었다면 어땠을까. 실제로 동생은 내 도움 없이 그 시기를 지났으며, 자기만의 방법을 찾는 게 최선임을 깨닫고 마침내 좋은 학교에 입학했다. 어설프게 노력하고 답을 찾으려 애썼던 시간을 거치면서 나는 동생을 대할 때 보였던 현학적인 태도를 내려놓고 그녀를 동등한 개인으로 보는 법, 온전한 성인으로 인식하는 법을 배웠다. 지금 동생과 나의 관계는 이전보다 조화롭다. 이제 나는 가르치기보다 질문하는 데 더 마음을 쓰기 때문이다.

사람들이 쉽게 집착에 빠지는 건 자주 반응 상태에 머물기 때문이다. 이때 마음은 어떤 일을 맞닥뜨리더라도 그것을 서둘러 평가한다. '이건 좋고, 저건 싫고, 이게 더 필요하고, 저건 가능한 한 멀리해야 해.' 이런 식의 성급한 판단이 눈치채지 못하는 사이에 벌어진다. 사람은 누구나 자신이 갈망하는 대상에 집착하기 마련이다. 그런데 꼭 좋아하는 것만이 아니라 싫어하거나 혐오감을 느끼는 것에도 깊이 집착할 수 있다.

집착은 매력적이다. 갈망하는 것을 곁에 가까이 두고 자신이 선택한 이야기를 열정적으로 변호하면 안전하게 느껴지기 때문이다. 그러나 집착은 환상이다. 우리가 만들어 내고 의존하는 대부분의 정신적 이미지는 진실이 아닌 이야기에 기반하기 때문이다. 또한 집착은 끝없이 현혹하는 특성이 있다. 이미 마음이 어떤 대상에 기울어져 있는데도 계속해서 집착하게 만든다. 다음에 어떤 상황이 벌어질지 확인하기 위해서 더욱 집착을 파고든다. 이런 식으로 더 좋은 물질적 대상을 얻거나, 더 높은 경력에 도달하거나, 더 많은 사람이 나를 사랑과 존경의 눈빛으로 바라본다면 행복해지리라 믿는다. 하지만 그 끝에 기다리고 있는 건 불만과 더 큰 갈망뿐이다.

집착은 우리가 가진 거대한 패턴, 틀림없이 가장 큰 패턴 중 하나이다. 자기 정체성을 둘러싼 또 다른 정신적 이미지를 만들어 낼 때마다 우리는 이 패턴을 강화하고 그것이 반복적으로 발생하기 쉬운 조건을 만든다. 집착을 안전감의 한 형태로 보는 것은 인간이 자주 속아 넘어가는 신기루 중 하나이다. 집착에는 안전감이 없다. 현실에서 집착이 보여 주는 것은 고통, 혼란, 잘못된 방향일 뿐이다. 진정한 안전감은 무상을 마음 깊이 받아들일 때 비로소 찾을 수 있다.

모든 집착은 무상에 대한 일종의 반항이다. 내가 통제할 수 있는 건 나의 행동뿐이며 다른 사람이나 상황이 특정한 방식으로 존재하기를 바라는 마음은 실현되기 어렵다. 우리는 모두 연결되어 있고 크든 작든 서로에게 영향을 미치는 게 사실이지만, 세상에서 제일가는 부자라고 할지라도 주변의 모든 상황과 사람을 마음대로 통제할 수는 없다. 이러한 집착은 마음에서 먼저 일어나고 무언가를 통제하려는 시도로써 외부 세계에 존재감을 드러낸다.

모든 것은 항상 변하기에 내가 가진 갈망을 충족시킬 기회는 거의 없다. 따라서 갈망에 끌려다니면 상상 속에서 너무 많은 시간을 허비하게 되고 지금 이 순간을 살아갈 시간이 부족해진다. 지금 이 순간, 지금 여기에 온전히 존재하려면 나의 내면과 주변에 무엇이 실재하는지 능동적으로 관찰해야 한다. 깊은 수준의 현존은 자신을 투영하지 않으면서 일어나는 일을 받아들일 수 있어야 하기에 자기 알아차림과 무아(無我)를 필요로 한다.

붓다는 인간의 갈망이 괴로움의 원인임을 깨달았을 뿐 아니라 완벽을 향한 집착과 문제없는 삶에 대한 갈망에 대해서도 통찰했다. 삶의 우여곡절은 통제할 수 없으며 원하든 원하지 않든 인생에는 파도가 치기 마련이다. 앞으로의 삶이 어떻게 흘러갈지 아무도 알 수 없지만, 누구라도 그 길이 늘 행복하거나 즐겁기만 할 수는 없음을 안다. 살아 있음에 따라오는 불만족의 요소가 있기 때문이다. 불만족은 현실이라는 구조물에 깊이 뿌리박혀 있어서 마음을 긴장시키는 무지, 갈망, 혐오의 뿌리를 없애지 않는 한 피할 수 없다.

• 내면 치유 •

물론 불만족을 완전히 없애는 건 가능하지만 이는 매우 고차원적인 목표이며 인간의 최고 진화 상태이다. 그러나 살면서 괴로움과 불만족을 경험할 수밖에 없더라도 변화 속에서 행복을 가꾸는 일은 얼마든지 가능하다. 삶을 더 행복하고 평화롭게 만들기 위해 모든 괴로움을 뿌리 뽑을 필요는 없다. 단지 그 길을 한 걸음씩 걸어 나가다 보면 치유의 과정에서 이로움을 얻게 될 것이다.

　　괴로움의 진리는 우리를 내면으로 안내하고 어디에서 괴로움이 시작되는지 탐구하게 한다. 나아가 참된 통찰력으로 괴로움의 원인이 정신적 반응에 있음을 알려 준다. 괴로움이 압도적이고 피할 수 없는 일처럼 보일지 모르지만 그것은 또한 내 안에 있는 힘, 즉 자유와 행복의 잠재력을 나타내는 것이기도 하다. 괴로움이 진짜라면 행복도 진짜다. 무지에서 괴로움이 생겨난다면 행복은 지혜로부터 자라난다. 알아차림이 부족해서 괴로움이 커진다면, 자기 알아차림을 키워 정신적 긴장이 덜한 상태에 도달할 수 있다.

　　집착은 행복으로 가는 길을 가로막고 삶을 정신적인 고통으로 채운다. 집착, 괴로움의 진리는 내려놓음이 우리가 가야 할 길임을 말해 준다. 세상에는 분명 내가 통제할 수 있는 것들이 있지만, 이는 매우 제한적이며 내가 원하는 정도에 비해 훨씬 적다. 조화를 이루고 행복을 누리며 자신의 본성과 하나가 되어 살고 싶다면, 집착이 안전과 행복을 가져다주리란 생각을 버려야 한다. 앞으로 나아가는 유일한 길은 내려놓음이다. 인생은 고통의 연속이라는 괴로움의 진리를 알게 되더라도 즐겁고 평화롭고 좋은 것에 대한 갈망을 버리면 힘든 순간에도 삶을 유연하게 살아갈 힘이 생긴다.

　　역설적으로 들릴지 모르지만, 안전을 향한 유망한 길 역시 내려

• 내면 치유 •

●

고통이 깊을수록

몇 번이고

내려놓아야 하리

놓음이다. 무엇에도 집착하지 않으면 상처받을 일이 없다. 어디에도 집착하지 않을 때 커다란 행복이 찾아온다. 내려놓음은 수동적인 태도나 냉담함을 뜻하지 않는다. 무상의 진리에 따라, 오히려 내려놓음은 삶을 훨씬 더 적극적으로 살아가게 한다.

내가 사랑하는 것과 사랑하는 사람들, 그 모든 것이 변한다. 당분간은 나와 함께할 테지만 결국 다른 모든 존재와 마찬가지로 그것들도 사라질 것이다. 이러한 변화의 진리를 받아들이면 내려놓음이 더욱 명료해진다. 곁에 있을 때 온전히 그것을 즐기고, 가능할 때 온 마음을 다해 도우며, 세상 어떤 것도 영원히 지속되리라 기대하지 않게 된다. 그것이 불가능함을 알기 때문이다. 살다 보면 미래에 대한 구체적인 목표와 계획을 세워야 할 때도 있지만, 특정한 시간에 모든 일이 이뤄지리라 기대하지는 말아야 한다.

변화의 진리에 맞서는 일을 멈추면 집착을 내려놓는 게 자연스럽게 느껴지고, 내려놓음으로써 통제하려는 마음이 수그러들면 내가 소중히 여기는 모든 존재를 더 순수하게 사랑할 수 있게 된다. 갈망과 혐오로 인해 무거워지는 정신적 이미지를 짊어지지 않을 때 비로소 어디를 가든 평온한 상태에 이를 수 있다. 우리는 자기도 모르게 지금 이 순간을 판단하고 그런 상태에 머묾으로써 스스로를 짓누르곤 한다. 이러한 정신적 갈망은 마음속에 바위처럼 자리 잡는다. 지금 내가 무엇을 붙들고 있는지를 분명하게 알면 그것을 놓아 버릴 기회 또한 잡을 수 있다.

세상에 나 같은 사람은 없다

자아는 나와 주변 사람을 보호하려는 욕구가 있어서 생존에 매우 도움이 된다. 하지만 생존의 단계를 지나고 나면 자아가 큰 걸림돌이 될 수 있다. 자아는 나에게 확고한 자아감을 부여하고 다른 사람이 나를 특정한 방식으로 인식하길 바란다. 또한 나와 다른 사람의 견해 차이, 관점의 차이를 좁히기 위해 애쓴다.

내적 갈등이 발생하는 일반적인 상황 중 하나는 가까운 사람이 나라면 하지 않았을 선택을 했을 때이다. 획일성에서 편안함을 느끼는 자아는 상대방도 나처럼 생각하고 행동하길 바란다. 가족, 친구, 동료가 무엇이 옳은지 그른지 판단하는 관점이 나와 같을 때 자아는 자신이 옳았음에 안도하며 즐거움 속에서 안전감을 느낀다. 반대로 관점이 다를 경우, 자아는 자신이 원하는 방식으로 행동하고 결정하도록 상대방을 설득함으로써 내가 그들에게 최선의 이익을 가져다주기 위해 행동하는 것처럼 보이게 만든다. 그러나 이는 내가 적절하다고 판단하는 것에 상대방이 순응하게 만들고야 말겠다는 완강한 집착일 뿐이다.

우리는 가까운 이들이 나처럼 되기를 바란다. 나와 같은 시선으로 세상을 바라보고 나와 같은 방식으로 생각하기를 갈망한다. 갈망은 통제하려는 자아의 충동을 부추기고 관계를 깊어지게 하는 조건 없는 사랑을 제한한다. 반면에 사랑은 차이를 포용할 만큼 안전감과 자신감을 발산한다. 또한 내가 틀렸음을 인정하게 도와준다. 무엇보다 내가 사랑하는 사람이 복합적인 존재이며 통제함으로써 그들을 곁에 둘 수는 없음을 이해하게 해 준다.

• 내면 치유 •

인간은 셀 수 없이 다양한 관점을 가지고 있으며 여러 가지 다른 결론에 도달할 수 있다. 이는 곧 다른 사람이 나처럼 생각하거나 내가 원하는 방식으로 나를 바라보게 할 수 없다는 뜻이다. 이러한 집착은 결코 충족될 수 없다. 관점과 견해에는 늘 차이가 존재한다. 세상을 바라보는 방식이 저마다 다르고, 그 다름이 계속해서 관점의 차이를 확장하기 때문이다.

탈중심화는 주관적인 관점에서 벗어나 객관적으로 사물을 바라보는 능력이다. 이는 다른 사람이 어떻게 사물을 바라보는지 이해할 수 있게 해 준다는 점에서 아주 유용한 기술이다. 내면의 평화를 유지하려면 주변 사람을 내가 만든 틀에 가두려 하기보다 진리에 따라 살아가는 균형 감각이 필요하다. 물론 때에 따라 다른 사람에게 나의 관점을 제시할 수 있고, 그것이 그 사람의 결정에 영향을 미칠 수도 있다. 핵심은 어떤 조언이든 통제하려는 의도 없이 전달할 때 가장 좋다는 점이다. 명심하자. 누군가에게 내가 바라는 모습으로 나타나 달라고 요청할 순 있을지언정 억지로 강요할 수는 없다. 언제나 자기 의지에서 우러나온 자발적인 동의가 뒷받침되어야 한다.

내려놓음의 목적

반복해서 나타나는 오래된 반응을 줄이고 자기 행동에 새로운 방향을 설정하는 일은 긴 여정이다. 조건화는 종종 오래전부터 굳어진 퇴적물처럼 밀도가 높아져서 마음속을 가득 채운다. 우리는 무의식적으로 현재에 지속적으로 영향을 미치는 이러한 두꺼운 콘크리트 더미를 짊어지고 다닌다. 치유와 내려놓음은 얼마든지 가능하지만, 그

전에 내 안에 얼마나 많은 것이 들어 있는지 그리고 마음을 완전히 새롭게 하는 데 얼마나 많은 시간이 걸릴지 현실적으로 생각해 보는 것이 좋다. 새로운 관점을 지니고 오래된 문제를 재구성하기까지는 시간이 필요하다. 인내 없이 치유는 불가능하다. 내려놓음은 점진적인 과정임을 받아들여야 한다.

내려놓음은 일회성 이벤트가 아니다. 지속적인 반복을 통해 단단해지는 습관이다. 때로는 고통에 대한 반응이 너무 깊어서 반복적으로 긴장을 관찰하고 풀어 주어야 상처가 완전히 아문다. 특정한 유형의 행동 패턴은 매우 견고하게 뿌리를 내리고 있어서 치유 중에도 계속해서 같은 문제를 일으킬 수 있다. 그로 인해 마치 진전이 없는 것처럼 느껴질 수도 있다. 그러나 실제로 그 시간은 깊은 층에 쌓인 문제가 수면 위로 올라와 해결될 기미를 보이는 순간이다.

내려놓음의 목적은 감정을 지우거나 없애는 게 아니라 감정을 있는 그대로 인정하고 그것과의 관계를 변화시키는 것이다. 치유를 시작하기 전에 나는 슬픔이 항상 그대로 남아 있을까 봐 두려웠다. 그런데 무상의 진리를 받아들이자, 슬픔이 생겨나고 잠시 머물 순 있을지언정 영원히 지속되지는 않는다는 사실이 분명해졌다. 슬픔은 그저 지나가는 감정일 뿐이라는 걸 이해하고 나니 일상이 덜 힘들고 견딜 만해졌다. 힘든 감정이 지나가는 동안 내려놓을 수 있으면 괜찮지 않은 일조차 괜찮다고 받아들일 수 있다.

내려놓음은 내면에서 일어나는 일을 관찰하고 그것을 완전히 받아들일 때, 삶의 모든 부분이 영구적이지 않다는 사실을 기억할 때 더 깊은 수준에 도달한다. 이미 마음속에 존재하는 긴장에 다른 긴장을 더한다고 해서 상황이 나아지지 않는다. 긴장은 무조건적인 받아들

　　　　　　　　　　　　　　　　• 내면 치유 •

임과 만날 때 자연스럽게 펼쳐지고 풀린다. 과거의 상처로 인한 정신적 무게를 직면하고 내려놓는 일이 결코 쉽지 않지만, 큰 변화를 맞이할 준비가 되어 있다고 느낀다면 얼마든지 가능하다.

내려놓음에 관한 오해들

내려놓음이 나를 수동적인 사람으로 만들지도 모른다는 걱정이 있다. 사람들은 종종 고통과 두려움에 지나치게 사로잡혀서 다른 존재 방식을 생각하지 못한다. 그러나 실제로는 내려놓음으로써 삶에 무뎌지는 일은 없으며 남들 보기에 만만한 사람이 되는 일도 없다. 내려놓음은 과거의 무거운 짐을 현재로 옮겨 오지 않기 위해 마음을 재구성하는 일이다. 자신의 힘을 되찾으려 할 때 반드시 거쳐야 할 단계 중 하나는, 그동안 과거의 상처와 미래에 대한 두려움에 얼마나 많은 힘을 쏟고 있었는지를 깨닫는 것이다. 그리고 다음과 같은 사실을 분명히 알아야 한다.

정신적 무게는 많은 에너지를 소비한다. 감정에 저항하거나 그것에 맞서 싸우면 내면에 비축해 둔 에너지가 조용히 바닥나 버린다. 끝없는 내면의 싸움 속에 살면서 스스로를 적으로 대하면 자신이 영위할 수 있는 최적의 삶에서 점점 더 멀어진다. 정신적 긴장은 자동으로 에너지를 소비하는 반면, 긴장이 사라지면 삶에 새로운 활력이 생긴다.

내려놓음은 인식을 정화해 마음을 명료하게 한다. 다시 말해 과거의 렌즈 없이 지금 이 순간을 볼 수 있게 도와준다. 마음이 가벼워지고 눈이 맑아지면 현명한 의사결정을 할 수 있다. 더 많이 내려놓을수록 현명하고 진실하게 행동하는 능력이 향상된다.

• 내면 치유 •

내려놓음은 포기가 아니다. 과거를 내려놓고 미래에 대한 두려움을 버리면, 지금 이 순간에 대한 알아차림을 얻어서 보다 효과적으로 집중하고 사고할 수 있다. 과거의 무게가 창의성을 제한하지 않으면 목표 달성을 위한 최고의 전략을 세울 수 있다. 또한 빠른 결과를 얻고자 하는 갈망을 내려놓으면 새롭고 어려운 일을 성취해 가는 과정에 익숙해진다. 위대한 목표를 이루려면 긴 여정에 들어갈 준비가 되어 있어야 하고, 그 과정에서 유연하게 전략을 조정할 수 있어야 한다.

내려놓는다고 해서 과거의 힘든 일이 지워지는 건 아니다. 핵심은 이러한 생각에 대한 집착을 해체하는 것이다. 깊은 치유가 일어난 후에도 때때로 과거의 기억들은 되살아난다. 하지만 그것에 전과 같은 강도로 반응하지 않는다면 그 순간 나의 노력이 결실을 이뤘음을 알게 된다. 승리의 신호로서, 거친 생각과 감정이 나의 마음을 지배하거나 행동을 통제하지 않고 그저 지나가 버리도록 내버려둘 수 있다.

내려놓는다고 해서 비정해지는 건 아니다. 오히려 내려놓음은 자기중심성을 줄여서 훨씬 더 큰 힘을 가진 무조건적인 사랑이 존재감을 드러내게 한다. 마음이 긴장과 갈망으로 가득 차 있으면 자기 자신은 물론 다른 사람을 사랑하기 어렵다. 사랑은 지금 이 순간에 나눌 때 가장 빛난다. 내려놓는 과정을 거치면 지금 여기에 더 자주 더 오래 머물 수 있다.

궁극적으로 내려놓음은 나에게 더 많은 괴로움을 얹지 않는 명료한 정신 상태이다. 내려놓음을 통해 이로움을 얻을 수 있음을 이해하는 것도 중요하지만 한 걸음 더 나아가 스스로를 깊이 치유할 수 있는 자기만의 방법을 찾아야 한다. 무언가를 내려놓고 싶다는 마음과 그것을 실현해 줄 도구를 갖는 일은 전혀 다른 문제이다.

성찰하기

- 어떤 식으로 스스로를 더 힘들게 하는가?

- 무엇을 내려놓아야 하는가? 힘들어도 붙들고 있으면 안전하다고 느끼는가? 내려놓은 후에 삶이 어떻게 될지 두려운가? 완전히 내려놓기 위해 무엇을 더 받아들여야 할까?

- 변화와의 관계는 어떠한가? 변화에 저항할 때 마음이 긴장으로 폭발하는 게 느껴지는가?

- 스스로에게 내려놓는 데 필요한 충분한 시간을 주고 있는가? 내려놓음 역시 의도적인 노력이 필요하다. 적극적으로 내려놓을 공간을 만들고 있는가?

- 나의 자아는 통제를 원하는가?

- 과거가 나의 반응에 어떤 영향을 미쳤는가?

- 과거에 반응하는 대신 삶에 의도적으로 대응하는 데 필요한 시간을 스스로에게 주고 있는가?

• 내면 치유 •

4장

•

누구도 나를 대신할 수 없다

•

친구 샘이 위빠사나 명상으로 치유되었기 때문에 나 역시 이 명상을 시작했고, 이것이 해방에 이르는 길임을 알고서는 더욱 감명을 받았다. 10대 후반에 보스턴 청소년 단체의 리더로 활동하면서, 나는 사람들이 모이면 얼마나 강력한 힘을 가질 수 있는지 알게 되었다. 그곳에서 억압이라는 체계를 바로잡는 맥락에서 집단적 해방이라는 개념을 처음으로 이해하게 되었다. 그러나 위빠사나 명상이 주목하는 '내면의 해방'이라는 개념은 개인의 내면에서 괴로움을 일으키는 갈망을 부정하는 데 중점을 둔다. 개인의 해방에 대한 새로운 이해는 내가 놓치고 있던 것들과의 연쇄적인 연결고리를 만들어 냈다. 이전에는 공동의 목표를 위해 여러 사람과 함께 일하는 것이 얼마나 큰 힘이 되는지 알고 있었음에도 종종 마음속에서 강렬하게 흐르는 긴장감에서 벗어날 수 없었다.

보스턴 청소년 단체 활동은 도시의 많은 문제를 해결했다. 생활 지도 상담교사가 고등학생과 면담하는 방식을 바꾸고, 시(市)에서 청년들을 위해 무료 버스승차권을 배포하게 하고, 여름방학 때 고등학생들에게 일자리를 주기 위해 시가 더 많은 예산을 확보하게 하는 등 사람들을 모으고 그들이 주도권을 갖게 함으로써 가시적인 변화를 만들어 냈다. 그러나 이 모든 성취는 나의 마음속 깊은 곳까지 닿지 못했고, 내면의 슬픔과 불안을 해소하는 데 전혀 도움이 되지 않았다. 외적인 성공이 내면을 치유하지는 못한 것이다.

다른 사람을 돕는 건 분명 기분 좋은 일이지만 여전히 마음을 짓누르는 압박감으로부터 나를 해방할 수 있는 방법을 찾아야 했다. 처음에는 어려웠지만 열흘간의 위빠사나 명상 수련 후 심적으로 더 건강하고 가벼워졌음이 느껴졌다. 그리고 이전과는 전혀 다른 의미의 해방을 찾았다. 이는 외적 해방이 가져다주는 힘에 대한 관점을 넓혀 주는 계기가 되었다. 만약 더 많은 사람이 치유를 진지하게 받아들이고 내면에서 해방을 찾는다면, 세상 역시 치유할 수 있고 이로부터 평화가 찾아올 것이다.

위빠사나 명상은 계속해서 내가 치유 목표를 달성하고, 해방의 길로 한 걸음 더 나아가고, 스스로를 몰아붙여서 압도되는 일 없이 성장할 수 있게 해 준다. 물론 나에게 도움이 되었다고 해서 다른 모두에게 똑같이 도움이 되는 건 아니다. 누군가에게는 맞지 않을 수 있고 혹은 이것을 하기에 적절한 타이밍이 아닐 수도 있다. 어떤 치유법이 도움이 될지는 스스로 찾아야 한다. 사람은 저마다 다른 조건화에 있으며 치유 역시 개인마다 다르게 일어나고, 따라서 특별하고 개별화된 접근이 필요하다. 설령 두 사람이 같은 방식을 따른다고 하더라도 각자가 가진 감정 이력을 어떻게 드러내고 치유하느냐에 따라 치유속도 및 치유의 성패가 달라진다.

내려놓는 법을 배우면 좀 더 쉽게 마음의 평화를 얻을 수 있지만 내려놓는 과정 역시 각자 다를 것이다. 누구나 반응하고 그 반응이 마음에 흔적을 남기지만, 이러한 오래된 패턴을 풀어내는 방법에는 여러 가지가 있다. 희망적인 건 예전보다 더 많은 치유 기술이 존재하고 접근도 쉬워졌다는 점이다. 치유, 개인적인 성장, 내면의 탐구와 같은 개념 역시 많이 알려져서 마치 인류애의 르네상스 시대에 살고 있는 게 아닌가 하는 생각마저 든다. 인류 역사상 이토록 많은 사람이 자기 알아차림과 내면의 평화를 키우는 데 집중한 적이 있었던가. 자신의 과거를 마주하고 트라우마를 해결하려고 발 벗고 나섰던 때가 있었던가. 오늘날은 그 어느 때보다 많은 사람이 자기 성찰의 시간을 갖고 있다.

세계화된 세상을 살아감에 좋은 점 중 하나는 다른 나라, 다른 문화에 있는 훌륭한 수련법을 배울 수 있다는 점이다. 다양한 수련법이 생겨나고 다듬어져서 전 세계로 퍼지고 있다. 또한 우리는 특정 지역을 넘어 세계적으로 정신 건강의 중요성이 주목받는 시대를 살고 있다. 정신 건강에 대한 인식을 높이기 위해 시작된 논의는 이제 각자가 내면을 들여다보면서 스스로 치유에 나서도록 이끌고 있다.

오늘날 사람들은 불완전함을 받아들이는 데 개방적일 뿐 아니라 트라우마나 상처를 받아들이는 데도 적극적이다. 점점 더 많은 사람이 자신의 과거가 현재를 짓누르고 있음을 느끼고, 이러한 마음속

• 내면 치유 •

긴장감을 해소함으로써 삶의 모든 측면을 개선하려 한다. 정신 건강에 대한 사회적 낙인 역시 줄고 있어서 부모 세대가 숨겼던 마음속 어려움을 더는 숨길 필요가 없다. 이 사회는 생존을 넘어 번영으로 나아가는 데 필요한 게 무엇인지를 고민하는 심도 깊은 대화를 두 팔 벌려 환영한다. 스스로를 치유하거나 원하는 방향으로 자신을 계발해 나가는 일과 같은, 성장을 위한 마음가짐을 갖는 일은 더 이상 보기 드문 일이 아니다.

다만 시간과 경제적 여유가 있는 사람만이 아니라 어려움을 겪고 있는 사람이면 누구나 치유받을 수 있도록 체계적인 시스템을 만드는 것이 앞으로 우리가 해 나가야 할 일이다. 더불어 전 세계로 퍼지고 있는 다양한 수련법을 만들고 유지하는 사람들과 그들의 전통을 존중하는 일 역시 주어진 과제 중 하나이다.

자기만의 수련법을 찾은 사람은 분명 커다란 안도감과 흥분을 느낄 것이다. 실질적인 결과를 가져다주는 방법을 찾았을 때 기쁘고 들뜨는 건 당연하다. 이러한 기분을 감추지 않고 자신이 찾은 길을 친구와 가족에게 알리는 일에는 아무런 문제가 없다. 좋은 일을 다른 사람과 함께 나누는 건 칭찬받아 마땅한 일이다. 단지 그 과정에서 내가 다른 사람보다 낫다고 여기는 우월의식이 고개를 들지 않도록 경계해야 한다. 자아는 긍정적인 기분을 이용해 마음속에 상상의 지배체계를 만들어 낼 수 있다. 즉 나의 방식이 다른 사람의 방식보다 우월하며 모두를 치유할 수 있는 유일한 방법이라고 믿게 하는 것이다. 현실은 그렇지 않다. 내가 찾은 방식이 나에게는 잘 맞을지 모르나 다른 사람에게는 그렇지 않을 수 있다. 심지어 어느 순간이 되면 나에게도 잘 맞지 않을 수 있다.

나에게 맞는 수련법 찾기

인터넷에 '불안을 해소하는 법'을 검색해 보면 수많은 결과가 쏟아져 나온다. 검색의 장점은 여러 가지 방식 가운데서 나에게 맞는 방식을 찾을 수 있다는 점이고, 단점은 너무 많은 결과물에 압도될 수 있다는 점이다. 가장 대중적인 치유 방법은 1:1 상담치료, 그룹 상담치료, 정신과 상담, 요가, 마음챙김, 가볍거나 혹은 강도 높은 명상 등이다. 각각의 기법들은 세부적으로 들어가면 더욱 넓은 스펙트럼이 펼쳐진다. 이 외에도 효과적이고 새로운 기법들이 계속해서 생겨나고 있으며 기존의 방법을 조합한 여러 가지 치유법이 존재한다.

치유법을 검색하기 전에 먼저 자신에게 몇 가지 질문을 던져 보자. 나의 치유 목표는 무엇인가? 나를 해방하고 어려움을 내보내기 위해서 어떤 패턴이 필요한가? 어떤 종류의 방법을 시도해 보고 싶은가? 분명한 목표를 설정하면 어떤 분야를 택할지, 어떻게 치유 방법을 진화시킬지에 대한 명확한 그림이 그려진다. 여러 가지 다양한 방법을 시도하는 동안 스스로를 체크하고 질문을 던지는 것도 중요하다. "과연 이 방법이 목표를 향해 가는 데 도움이 되는가?"

적합한 방식이란 쉽지 않지만 압도될 정도로 어렵지 않은 것을 의미한다. 나를 한 단계 성장시켜 줄 만큼 적당히 어려우면서도 무겁게 짓누르는 패턴과 묵은 감정이 한꺼번에 밀려올 정도로 고통스럽지는 않은, 나만의 최적 지점을 찾는 일이 중요하다. 그러지 못하면 감정에 압도되어서 치유 과정을 중단해야 할 수도 있다. 핵심은 나에게 맞는 방식을 선택하는 것이다. 적합한 방식을 찾았다면 스스로 먼저 알아차릴 것이다. 시간을 낭비하고 있다는 생각이 들지 않을 테니 말이다. 가장 큰 신호는 본능적으로 무언가를 알아차리고 거기에 시간을 투자해야 하리란 직감이다.

여러 가지를 시도해 보면서 금세 딱 맞는 방식이 찾아지지 않더라도 낙담하지 말자. 나에게 맞는 방식을 찾기까지는 어느 정도의 시간과 열린 마음이 필요하다. 한 가지를 시도하다 보면 그것이 다른 방식으로 이어지고, 그러다 어느 순간 '이거야!' 하는 방식을 만나게 될 것이다. 일단 한번 치유를 시작하면 언젠가 더 깊이 파고들어 갈 준비가 되어 있는 자신을 발견하게 되고, 알아채기 힘든 상태로 침잠해 있는 오래된 상처를 끄집어내는 데 도움이 되는 새로운 방법을 자연스럽게 찾게 되리란 걸 기억하길 바란다.

직관은 치유법을 찾아가는 과정에서 가장 믿고 의지할 만한 나침반이다. 분명 많은 사람이 조언하려 들 것이고 인터넷상에서 여러 가지 선택지를 마주하게 될 것이다. 그러나 아무리 훌륭하다고 소문난 방식일지라도 나의 직관이 '이거야!'라고 말하지 않는다면 그것은 적합한 방식이 아니다. 직관을 읽어 내는 방식은 사람마다 다르다. 나에게 직관이란 갈망이 아닌 앎으로서 드러나는 차분한 끈기이다. 그것은 마음속에서 갈망이 만들어 내는 정신적 수다와는 달리 어떠한 결정을 향해 강력한 신호를 보내는 신체적인 온전함이다. 직관은 저절로 알기에 긴장감 없이 메시지가 전달된다. 종종 그 메시지는 내가 조언을 들을 준비가 될 때까지 차분하게 지속된다.

나에게 중요한 인생의 교훈은 주변 사람들이 자기 삶을 개선하기 위해 각자 다른 길을 걸어가는 모습을 지켜보는 것이었다. 내 주변에는 치료로 혜택을 받은 가족과 친구들이 있다. 몇몇은 정신과 상담을 통해 큰 도움을 받았고, 내가 하는 위빠사나 명상 외에 다른 명상

법을 실천하는 분들도 있다. 모두가 각자 선택한 방법으로 엄청난 진전을 이루었다. 개인은 서로 다른 성장 목표를 가지고 있고 자기에게 적합한 방식으로 문제를 치유하고자 한다. 자기만의 속도로 움직이면서 마주할 준비가 된 내면의 문제부터 해결해 나가는 것은 전혀 문제 될 게 없다. 어떤 방법으로 앞으로 나아갈지, 얼마나 빠르게 나아갈지는 개인의 조건화에 달려 있다. 중요한 건 주변에 도움이 널려 있다는 사실이다. 더 나은 나를 만들어 가기 위해 발걸음을 내딛는 일이 어느 때보다 가능해졌다.

전문가의 도움은 언제든지 받을 만한 가치가 있다. 기존의 방법을 완전히 뒤엎거나 모든 것을 혼자서 할 필요가 없다. 도움을 요청하는 일은 치유의 큰 부분을 차지하며 내면에 불굴의 용기가 있음을 보여 주는 행동이다. 만약 명상하는 법을 배우고 싶다면 경험 많은 전문가에게 배워 보길 권한다. 감정을 더 현명하게, 말로 표현함으로써 처리하는 법을 배우고 싶다면 치료사를 찾아가 보라. 이렇듯 경험자의 도움을 받음으로써 치유 과정을 더 생산적이고 효율적으로 만들 수 있다. 다만 빠른 결과나 기적 같은 효과를 보장한다면서 내면의 문제를 대신 다뤄 주겠다고 약속하는 방법들은 경계해야 한다. 우리 사회는 빠른 결과와 만방통치약에 중독되어 있어서 이러한 사고방식이 치유라는 개념을 오염시킬 수 있다. 진정한 치유란 명백히 실현 가능한 것이자 삶을 바꾸는 일이지만 분명히 시간이 걸린다. 큰 변화는 충분한 노력이 뒷받침되었을 때 일어나기 때문이다.

또 한 가지 경계해야 할 것은 내 안의 의심이다. 의심은 과거의 패턴이 스스로를 보호하기 위해 취하는 방식 중 하나이다. 마음의 조건화는 계속해서 과거를 반복하려 들면서 새로운 것을 거부한다. 그러니 새로운 방법을 찾을 때는 그 방법이 마음을 더 가볍게 만들어 주는지 아니면 옭아매는지 정확히 판단할 수 있도록 몇 주 정도 충분한 테스트 기간을 갖는 것이 좋다. 선택한 방법이 실천하기 어렵다고 해서 금방 그만둬 버리면, 그것이 정말 나에게 맞는 것인지 아닌지 제대로 판단할 수 없다. 그 방법이 나에게 적합한지 아닌지 알 수 있을 만큼 충분한 시간을 투자해 보길 바란다.

간혹 다른 누군가로부터 기술적인 도움을 받거나 자기 알아차림을 키우는 법을 배울 수도 있지만, 이러한 방식은 스스로의 노력으로 얻은 도구를 활용해서 내면의 힘을 되찾는 일과 비교가 되지 않는다. 치유의 길에 발을 내디디고 앞으로 나아갈 수 있는 유일한 사람은 결국 자기 자신뿐이기 때문이다. 아무도 나를 대신해 줄 수 없다. 진정한 치유를 추구하는 사람은 긴 여정을 두려워하지 말아야 한다. 일단 내려놓는 과정에 돌입하고 내면의 상처를 무디게 만드는 법을 발견하면 엄청난 변화가 시작된다. 나 자신을 알아차리면 오래된 습관으로부터 힘을 되찾게 되고, 그 힘을 진정한 인간 본성으로 되돌리는 변화의 과정에 추진력이 생긴다.

성찰하기

- 지금까지 시도해 본 방법은 무엇인가?

- 평소 해 보고 싶었거나 직관적으로 나에게 맞으리라 느낀 치유법은 무엇인가?

- 나에게 잘 맞을 것 같아서 시간과 노력을 투자할 만한 것이 있는가?

- 치유 수련을 통해 어떤 결과를 얻고 싶은가?

- 진지한 내면의 훈련을 할 만큼 큰 힘이 내 안에 있다는 사실에 의구심이 드는가? 여기까지 올 수 있었던 자신의 힘이 얼마나 대단한지 깨닫고 있는가?

- 매일 치유를 위한 시간을 따로 마련하고 있는가?

• 내면 치유 •

5장

•

지금 이 순간이 혁명의 장소다
- 본성과 습관 -

•

서구 사회는 인간을 근본적으로 이기적이고 탐욕에 지배받는 존재로 판단한다. 본질적으로 자신을 우선시하고 다른 사람은 그다음으로 여긴다는 인간 본성에 대한 암울한 시각을 오랫동안 유지해 왔다. 이러한 가정은 지역적 수준에서 상호작용하는 방식뿐만 아니라 거시적 수준에서 국가와 기업이 상호작용하는 방식에도 큰 영향을 미칠 만큼 광범위하게 적용된다. 탐욕은 개인의 타고난 동기요인이라는 생각이 얼마나 강했던지, 1987년 영화《월 스트리트》에 나오는 "탐욕은 좋은 거야(Greed is good)"라는 대사가 지금껏 사람들 입에 오르내리고 있다. 이 말은 서구 사람들이 자기 이익을 추구하는 사고방식과 행동을 어떻게 받아들이고 있는지를 보여 주는 대표적인 밈(Meme)이다.

표면적으로는 인간 본성이 이기적이라는 주장이 사실처럼 보일 수 있다. 인간의 역사에서 탐욕으로 시작돼 커다란 해악을 초래한 수많은 집단적 행동이 있었으니 말이다. 세력 확장을 위한 전쟁, 땅을 부의 근원으로 삼으려는 욕망에서 비롯된 식민화, 이익 창출을 극대화하는 과정에서 벌어진 노예화와 비인간화, 심각한 빈부격차, 그 밖에도 탐욕이 행동의 동기로 작용해 파괴적인 상황을 불러일으킨 예가 수없이 많다. 지구의 기후가 위험한 지경에 이르렀음에도 불구하고 끝없이 이어지는 이윤 추구에서 알 수 있듯이, 여전히 현실세계는 인간 본성에 대한 오래된 관념에 지배되고 있다.

개인적인 차원에서도 사람들 사이에 신뢰가 부족하다. '위험한 낯선 사람'에 대한 불안이 만연해 있다. 다른 사람의 탐욕이나 악의가 나에게 해를 끼칠까 봐 두려워하기 때문이다. 사람들은 서로를 모르기에 서로를 불신하고, 오로지 나의 이익과 내면의 이익에 집중하는 편이 더 낫다고 여긴다.

탐욕이 실재하고 그것이 집단과 개인 차원에서 상호작용하는 방식에 영향을 미치고 있음은 의심할 여지가 없다. 그러나 이것이 인간 본성의 유일한 특성이자 실체이며, 이에 대해 우리가 할 수 있는 일은 아무것도 없다고 단정하는 사고는 인간에 대한 피상적인 이해에 불과하다. 여기에는 인류의 강력한 변화 능력을 인정하지 않는 패배주의적 어조가 담겨 있다.

탐욕을 기본적인 인간 본성으로 보는 시각은 합리적인 근거를 바탕으로 한다. 갈망과 혐오는 인간의 생각과 말, 행동의 가장 큰 동기이다. 붓다는 가르침을 통해 이를 분명히 지적했다. 하지만 그것이 인간의 전부는 아니다. 표면적으로는 탐욕이 인간의 진짜 본성처럼

• 내면 치유 •

보일 수 있다. 오늘날 그러한 사고방식이 전 세계에 만연해 있기 때문이다. 그러나 탐욕은 인간 본성과 오인되는 조건화된 습관이다. 탐욕의 이기심은 마음속 깊이 뿌리내리고 있지만 다른 패턴과 마찬가지로 관찰을 통해 풀어낼 수 있다.

한때 널리 인간 본성이라고 여겨졌던 탐욕과 두려움과 증오는 우리의 본성이 아니다. 이러한 특성은 인간의 습관, 즉 과거 세대와 과거 경험으로 인해 각인된 조건화된 행동이다. 내가 짊어진 트라우마와 일생에 걸쳐 맹목적으로 반응해 온 방식은 일종의 생존 모드로서 삶의 어려운 시기를 헤쳐 나갈 때 작동한다. 궁극적으로 인간의 습관은 생존 방식이다. 습관은 영구적이지 않고 본질적이지도 않다. 진정한 인간 본성은 내가 최고의 모습으로 존재하는 걸 가로막는 모든 패턴, 오래된 고통, 혼란 속에서도 밝게 빛나는 그 무엇이다. 그것은 사랑, 명료한 정신, 창의성, 과거로 인해 알게 되었지만 더는 그것에 짓눌리거나 지배받지 않는 삶에 대한 열정이다.

우리는 세계적으로 치유가 일어나고 있는 새 시대의 시작을 함께하고 있다. 인류의 역사는 지금껏 이처럼 광대하고 세계적인 규모의 치유를 경험하지 못했다. 지금 이 순간은 근본적으로 전례가 없다. 역사를 통틀어 세상을 더 나은 방향으로 변화시키고, 권리를 확장하고, 사회 구조를 보다 인간 중심으로 설계하려 애써 온 개인과 집단은 늘 있었지만 개인이 치유에 폭넓게 접근할 수 있게 된 건 이번이 처음이다. 오늘날 많은 사람이 세상을 더 나은 곳으로 바꾸기 위해 노력하고 있으며, 동시에 우리는 스스로를 근본적으로 변화시킬 방법 또한 가지고 있다. 이를 잘 활용한다면 오래된 습관을 덜어 내고 진정한 인간 본성에 한 걸음 더 가까이 다가갈 수 있을 것이다.

• 내면 치유 •

개인의 치유를 확장하고 이를 수백만 배 늘리면, 인간 본성을 정의하는 일에도 문화적 변화가 일어날 것이다. 이는 말이 아닌 우리가 일상을 어떻게 살아가느냐에 달려 있다. 인간의 습관은 확실히 그 층이 두껍고 극복하기가 쉽지 않다. 하지만 인내, 의도적인 행동, 좋은 치유법으로 습관의 무게를 덜고 진정한 인간 본성이 밝게 빛나도록 할 수 있다. 만약 삶을 지배하고 행복을 가로막는 탐욕과 두려움의 껍데기를 벗겨 낸다면 나는 어떤 사람이 될까? 오래된 고통을 받아들이고 깊은 치유를 시작한 후에 나는 어떻게 느끼고 생각하게 될까? 이기심의 지배를 받지 않게 된 나는 누구일까? 더는 마음의 짐을 지지 않는다면 어떤 기분일까?

열흘간의 명상 동안 고엔카는 많은 불교 이야기를 들려주었다. 그중 내가 가장 좋아하는, 인간의 타고난 본성이 무엇인지를 정확하게 보여 주는 이야기가 있다. 붓다 시대에 '앙굴리말라'라는 야만적인 살인마가 살고 있었다. 앙굴리말라는 999명을 살해한 뒤 1,000번째 희생자를 찾고 있었다. 그의 마음은 무지와 해로운 조건화로 인해 심각하게 뒤틀려 있었고 자신이 일으키는 공포를 제대로 인식하지 못했다. 그의 머릿속은 오로지 다음에 죽일 사람 생각으로 가득했다. 그토록 무거운 조건화에 사로잡혀 있었기에 그는 자기 내면의 자비심을 발견할 수 없었을뿐더러 자기가 무슨 짓을 하고 있는지, 얼마나 파괴적인 일을 일삼고 있는지 전혀 알지 못했다.

붓다를 만난 앙굴리말라는 붓다를 죽이려 했지만 그러지 못했다. 오히려 붓다의 가르침을 들은 후 명상과 탈조건화 과정을 받아들임으로써 새롭게 거듭났다. 앙굴리말라는 자기 자신에 대해 배웠고 자연의 깊은 진리를 꿰뚫어 보았다. 이를 통해 자신은 물론 다른 사람에게 괴로움을 주거나 맹목적으로 반응하는 사람이 아닌 완전히 해방된 성자(聖者)가 되었다. 성자는 자신이나 남에게 해가 되는 일을 할 동기가 전혀 없다. 그는 내면으로 깊이 침잠하면서 인간 습관의 거친 층들을 모조리 불태워 버렸다. 남은 것은 조건 없는 본성에 온전히 연결된 존재의 명료함뿐이었다.

이 이야기는 인간의 두 가지 중요한 측면을 강조한다. 하나는 끔찍한 행동을 저지르는 사람도 완전히 길을 잃거나 영구적으로 위험한 존재는 아니라는 것이다. 모든 사람은 다른 사람에게 해를 끼치는 행동에서 벗어나고, 개인의 안녕에 도움이 되지 않는 패턴을 멈추기 위한 대변화를 이룰 수 있는 선천적인 능력을 가지고 있다. 다른 하나는 인간이 가진 거친 기질만으로 온전히 나를 정의할 수 없다는 것이다. 나를 둘러싼 겉껍질은 두껍고 그것이 해롭거나 방어적인 행동을 유발하지만, 그 아래에는 내가 찾아 주길 기다리는 애정 어린 명료함으로 가득한 광대한 웅덩이가 있다. 그 내면의 웅덩이에 접근한다면 진정한 인간 본성의 밝은 면이 스스로 빛을 발할 것이다.

인간 본성에 접근하기는 쉽지 않다. 사람은 모두 다른 조건화를 가지고 있으며 각자의 여정을 다른 사람의 여정과 비교할 수 없다. 물론 다른 사람이 이룬 발전으로부터 영감을 받을 수는 있지만, 누군가와 동시에 발맞춰 나가거나 다른 사람에게 효과가 있는 도구가 나에게도 그러하리라고 기대할 수는 없다. 희망적인 사실은 내려놓음과 치유의 길이 더 이상 미스터리가 아니라는 점이다. 누구든지 오래된 조건화를 치유하는 데 도움이 되는 자기만의 길을 찾을 수 있다.

●

더 나은 삶을 위해

꼭 필요한 일이란 걸 알지만

내려놓음은 실로 엄청난 투쟁이다

과거와의 단절은 말 그대로 끊어짐이다

끝,

돌아감의 거부,

의도적으로 새로운 방향으로 움직일 때까지

오래된 패턴은 끊임없이 반복된다

타고난 본성으로 들어가는 문

마음의 기본 모드는 생존이다. 주로 두려움·갈망·혐오·자기중심성에 의해 동기 부여가 되며, 이것이 인간의 습관을 이루는 첫 번째 층이다. 습관은 대부분 나를 안전하게 지키고 유전자를 물려줄 수 있을 만큼 오래 생존하도록 암호화된 진화 과정에서 비롯된다. 신중하고 탐욕스러운 성질은 생존에 유리할 수 있다. 하지만 현대 세계에서 단순히 생존을 위해 사는 일은 상상 이상으로 제한적이다. 상황을 있는 그대로 관찰하고, 감정을 투사하거나 통제하지 않으면서 현실을 받아들이도록 마음을 훈련하면 행복에 더 가까워질 수 있다. 이것이 바로 사랑을 나누는 인간 본성을 향해 나를 여는 방법이다. 행복은 의도적인 행동, 치유, 내려놓음, 지금 이 순간에 마음이 머물게 함으로써 얻어진다. 스스로 노력하는 사람만이 행복을 활성화할 수 있다.

잠시 분노, 불안, 스트레스, 두려움, 걱정, 슬픔과 같은 힘든 감정을 느꼈던 때를 떠올려 보자. 그런 감정을 유발한 외부 사건이나 계기가 있었는가? 비슷한 상황에 처했을 때 이러한 정신적 패턴을 반복하는가? 같은 유형의 상황에서 비슷한 반응이 튀어나오는가? 이러한 반응이 반복되다 보면 잠재의식 속에서 패턴이 더욱 단단하게 굳어진다. 이는 자신이 통제할 수 없는 상황에 처했을 때 주로 발생하는데, 자신을 보호하기 위해 무의식적으로 습관으로 되돌아가기 때문이다.

자신의 패턴을 이해하고 어떤 상황에서 패턴이 나오는지 인식하면 그것이 가진 힘을 상당 부분 약화할 수 있다. 인식은 과거의 정보로 가득 차 있으며 현재 무슨 일이 일어나고 있는지 이해하기 위해 끊임없이 새 경험을 옛 경험과 일치시킨다. 이렇게 할 때마다 과거와 같은 방식으로 반응하게 되는 경로가 만들어진다. 즉 인간의 습관은 패턴의 총합이다. 반면 진정한 인간 본성은 패턴의 지배를 받지 않는 마음이다. 여기에는 여전히 올바른 결정을 내리는 데 도움이 되는 과거의 정보가 포함되어 있지만 더 이상 그것이 통제권을 갖지 않는다. 당장 방어적인 태세를 취하기보다 상황에 뛰어들지 않으면서 무슨 일이 일어나고 있는지 관찰하는 경향이 있다.

　오래된 패턴을 그대로 두면 마음이 반응성을 유지하고 계속해서 나를 자동조종 모드로 움직이게 만든다. 마음이 가장 잘 알고 잘하는 일은 무의식적인 반복이다. 특히 어려운 상황에 처할 때면 재빨리 생존 모드가 발동되고 이는 맹목적인 행동으로 이어진다. 인간의 습관은 종종 혼란 상태에 있으며, 그때 사람들은 빠르고 맹목적으로 반응한다. 사람들은 자신이 특정 패턴에 지배되는 이유와 특정 감정을 더 자주 느끼는 이유를 이해하지 못한다. 만약 자신의 내면세계가 미스터리처럼 느껴진다면, 그 미스터리를 탐구하고 해결할 준비가 되어 있지 않다면, 여전히 습관에 의해 움직이고 있는 것이다.

　습관의 영향을 받는 상태에서는 삶에서 무엇을 하고 싶은지 파악하기가 어렵다. 또한 사회나 언론, 부모로부터 받은 것을 자신의 진정한 열망으로 혼동하기 쉽다. 나는 치유를 시작하기 전 투자은행가가 되겠다고 생각한 적이 있다. 그러면 우리 가족이 즉각 가난에서 벗어날 수 있으리라 생각했기 때문이다. 만약 내가 그 길을 택했다면, 겉으로 드러난 가난은 어느 정도 해결했을지 몰라도 내 안의 문제는 훨씬 더 깊은 나락으로 떨어졌을 것이다.

　치유를 시작하고 자기 본성에 다가가는 과정에서 많은 사람이

전에 품었던 목표가 원래 자신의 것이 아니었음을 깨닫고 그것을 내려놓는다. 오래된 습관 아래 숨겨진 개인의 진정한 열망은 더 창의적이고, 다른 사람에게 봉사하며, 더 나은 사회를 만드는 데 가치를 둔다. 다른 한 편으로는 치유를 진지하게 받아들이기 위해서 일을 그만둘 필요는 없다. 내 아내 사라가 좋은 예이다. 사라는 명상가로서 자기 삶을 꽃피우면서도 실험을 설계하는 과학자로서의 직업을 유지했다. 각자 자신에게 무엇이 가장 적합한지 파악해야 한다. 인생을 바꾸는 심오한 변화를 경험하기 위해 꼭 앙굴리말라처럼 완전히 해방될 필요는 없다. 약간의 치유만으로도 삶은 근본적으로 변할 수 있으며, 그 변화가 나의 직관과 딱 들어맞는 진정한 열망을 찾는 데 도움이 될 것이다.

인간의 습관은 마음이 과거나 미래에 과도하게 집중할 때 내면에 견고하게 자리 잡는다. 습관은 생존과 밀접하게 연결되어 있어서 과거의 기록은 우리가 세상을 평가하는 데 사용하는 주요한 필터가 된다. 그러면 지금 일어나는 일을 판단 없이 받아들이기보다 재빨리 평가하고, 매 순간의 새롭고 복잡한 특성을 파악하기 위한 인내심을 발휘하지 못하게 된다. 미래의 사고방식은 과거의 영향을 받아 그와 비슷하게 형성되고, 싫어했던 과거의 일이 반복되지 않도록 불안과 걱정이 부지런히 작동할 것이다. 과거에 겪은 감정적 상처로 인해 불안에 사로잡히는 이런 식의 악순환을 끊으려면 지금 이 순간에 일어나는 감정과 연결되어야 한다.

진정한 인간 본성은 지금 이 순간에 발견된다. 지혜, 사랑, 기쁨, 치유, 행복, 평화 등 인간이 느끼는 강렬한 경험이 모두 그곳에서 비롯된다. 이러한 감정은 기억을 떠올리거나 미래를 상상함으로써 피상적으로 접근할 수도 있지만, 이것들이 가진 온전한 힘을 경험하기 위해서는 실시간으로 느껴야 한다. 지금 이 순간에 주의를 기울이면 내 안에 존재하는 인간 본성으로 가는 문이 열린다. 그러면 마음이 안정되고 거짓된 이야기에 덜 영향을 받으며 더 쉽게 평화를 얻을 수 있다. 온전히 행복하고 현명해지기 위해서는 정신적인 훈련이 필요한데, 대부분의 훈련은 긴장감이 만들어 내는 무의미한 이야기에서 벗어나 반복적으로 현실로 돌아오는 데 중점을 둔다.

자신을 느끼는 일을 지속적으로 거부하면 무시한 그 감정들이 마음속에 굳어져서 피하고자 하는 격렬한 감정이 두드러지게 된다. 당장은 회피가 정답처럼 보일 수 있다. 생존 모드에 있을 때 특히 그렇다. 하지만 반복적인 회피 반응은 패턴을 강화할 뿐이다. 만약 회피를 전략으로 삼는다면 자기 자신과 점점 더 거리가 멀어질 것이다. 처음에는 이 전략이 안도감을 주겠지만 나중에는 몸과 마음이 더 이상 편안하게 느껴지지 않는다. 나와 나 사이의 공간은 비어 있지 않다. 그 공간은 갈망·두려움·혐오·오해 등이 만들어 내는 이야기, 습관의 거친 표층을 형성하는 정신적인 물질로 쉽게 채워진다. 회피 전략을 계속해서 반복하면 아주 강렬한 상태가 아니더라도 쉽고 자동적으로 특정 감정에 빠져들게 된다. 회피함으로써 우리는 결국 나로부터 멀어지게 된다.

내 안에는 밝은 에너지가 흐른다

도망치지 않고 자신의 감정을 느끼도록 허용하는 일은 치유로 들어서는 관문이자 인간 본성에 접근하는 길이다. 오래된 조건화의 층을 무너뜨리면 내면의 혁명이 시작된다. 더 이상 과거에 무겁게 짓눌리지 않는 마음의 부활을 경험하게 된다. 눈이 밝아지고 마음은 신선하고 활력을 느낀다. 오래되고 무거운 감정이 일어나면 그것을 잘 처리하고 내보내기 위해 품위를 갖추어 다룬다. 감정을 느끼면서도 그것에 주도권을 내어 주지 않는다.

치유는 모든 고통을 사라지게 하는 마법이 아니며 인내와 헌신을 바탕으로 느리게 이루어지는 과정이다. 이 여정이 가치 있는 이유는 작은 치유도 삶에 큰 변화를 가져올 수 있기 때문이다. 오래된 패턴을 거부하고 진정으로 느끼는 바에 따라 행동하면 내면의 본성이 빛을 발하기 시작한다. 콘크리트로 둘러싸인 어두운 방에 작은 구멍 하나가 뚫리면 더는 어둠이 모든 것을 집어삼키지 못하는 것과 같다. 비슷한 방식으로 나를 제한하는 오래된 조건화의 벽을 계속해서 깎고 무너뜨리면 더 많은 빛이 들어와 더욱 넓고 분명한 시각으로 바깥 세상을 바라볼 수 있게 된다.

굳어진 습관의 층 아래에는 풍부한 에너지와 창의성이 흐르고 있다. 걱정·불안·거짓된 이야기의 악순환에 빠짐으로써 많은 에너지가 소모되지만, 치유된 마음은 깨끗하고 유연한 특성을 가지고 있어서 훨씬 다양한 관점에서 상황을 바라보게 해 준다. 지금 이 순간에 대한 알아차림을 통해 인간 본성을 활성화하면 풍부한 정신적 명료성을 얻을 수 있다. 명료성과 창의성은 하나이다.

마음에 부담이 없으면 여러 각도에서 상황을 관찰하고 훨씬 더 쉽게 분석할 수 있다. 피상적으로 보이는 것 너머를 보고, 긴장하지 않으면서 무엇이 빠져 있는지 찾을 수 있다. 서서히 조건화가 사라지고 오래된 패턴에서 벗어나 평온해진 마음은 좋은 점과 연결되고 어려움 없이 해결책을 찾는다. 궁극적으로 인간 본성을 활성화하면 자신이 가진 잠재력을 100% 발휘할 수 있다. 더 많이 느끼고, 더 많이 보고, 더 많이 해결할 수 있다. 처음에는 이러한 일이 마치 마음이 더 높은 수준의 지능을 얻은 양 초인적으로 느껴질 수 있지만, 이는 인간 본연의 자연스럽고 부담 없는 상태이다.

붓다와 예수의 자기 성찰

역사적으로 볼 때 습관에서 본성으로의 전환은 새로운 것이 아니다. 시대를 초월한 성인들은 해방의 진리를 깨치기 위해 성찰의 기간을 가져 왔다. 그들은 커져 가는 자기 알아차림으로 인간 본성을 활성화할 수 있었다. 이를 통해 타고난 사랑의 명료함과 평화로운 창조의 힘이 자기 삶과 자신이 지나가는 길에 있는 모든 사람에게 유익하게 흐르도록 했다. 예수는 광야에서 40일 동안 깊은 묵상을 하고 의심을 극복했다. 붓다는 모든 조건화로부터 완전히 자유로워질 때까지 6년간 다양한 기법으로 수련했다. 두 성인의 방식은 달랐지만 결과는 비슷했다. 자기 성찰을 통해 내면의 진실, 각자의 내면에 실재하는 진실과 연결됨으로써 무한한 사랑의 존재가 되었고, 무아의 자유를 경험했으며, 탁월한 지혜에 도달할 수 있었다.

조건 없이 사랑하고 마음속 고통을 완전히 근절하는 일은 고차원적인 성취이다. 누구나 가능하지만 결단력과 노력이 뒷받침되어야만 갈 수 있는 쉽지 않은 길이다. 하지만 지금 나의 마음 상태가 두 성인이 이룩한 완전한 자유와 거리가 멀다고 해서 낙담할 필요는 없다. 현재를 살아가면서 이러한 성취를 영감의 한 형태로 받아들일 수 있다. 예수와 붓다를 비롯한 여러 성인의 사례는 내 안에도 동일한 잠재력이 있음을 일깨워 준다. 비록 성찰의 길로 발을 들이기까지 시간이 걸릴지라도 일단 한번 시작하면 삶을 근본적으로 더 나은 방향으로 변화시키는 진전을 이룰 수 있다.

정신적 긴장으로 어려움을 겪다가 이런저런 자기 성찰 방법을 통해 인간 본성과 부정할 수 없는 관계를 맺게 된 사람들의 예는 이밖에도 많이 있다. 오래된 인간의 습관을 조금씩 벗겨 내고 그것이 다른 무엇과 마찬가지로 영구적이지 않은 무상한 패턴으로 이루어져 있음을 진정으로 이해한다면, 삶에 대한 새로운 대응을 구축함으로써 차분하게 습관의 패턴을 풀어낼 수 있다.

최고의 나로 거듭나는 비결

막 치유 여정을 시작했을 때와 지금의 마음 상태를 비교하면 큰 차이가 있을 것이다. 하지만 마음의 번영을 뒷받침하는 정신적 자질은 결코 쉽게 얻을 수 없으며, 이는 새로운 삶의 토대가 된다는 점에서 인내심을 가지고 꾸준히 만들어 가야 한다. 나를 관찰함으로써 밝음, 명료함, 기술을 얻기까지는 의도와 시간이 필요했지만 이제 그것은 내 것이 되었다. 이 시점에 진지한 내면의 작업에서 한 발짝 물러나 자신이 얼마나 멀리 왔는지 살펴보는 일은 세상을 균형 잡힌 시각으로 바라보고 계속해서 앞으로 나아가는 데 활력소가 되어 준다. 좋은 순간이 왔고 이보다 더 좋은 날이 오고 있다.

마음이 한결 가벼워지고, 트라우마가 줄어들고, 오래된 습관에 덜 지배되는 탈조건화 작업을 할 때 인간 본성이 더 뚜렷하게 드러난

●

마음을 짓누르는 뒤엉킨 과거의 끈을 풀고

능력을 제한하는 긴장을 내려놓고

온 마음을 다해 현재로 들어가기 위해

가장 높은 목표에 이르지 못하게 가로막는

두려움을 치유하라

이것이 성장에 전념하는 방법이다

다. 그러면 치유된 마음의 타고난 자질을 얻는 게 더욱 쉬워지지만, 그렇다고 해도 아직은 막 햇빛 아래 싹을 틔운 묘목과도 같다. 이러한 자질들은 비록 숨이 트였지만 아직 성숙한 단계는 아니다. 이 문턱을 넘어갈 때 중요한 점은 지금 이 순간에 대한 알아차림이나 삶을 향한 긍정적인 에너지가 지속되리라 기대하지 않는 것이다. 앞으로도 우여곡절은 계속될 것이다.

최고의 나로 거듭나는 비결은 반복이다. 나와 다른 사람에게 사랑을 실천하자. 그러면 더욱 단단해질 것이다. 나의 관점에서 벗어나 다른 사람이 어떻게 바라보는지 살펴보자. 그러면 정신적 민첩성이 자라날 것이다. 다른 사람의 성공을 의도적으로 기뻐하자. 그러면 질투가 힘을 잃을 것이다. 감사하는 시간을 갖자. 그러면 마음이 정말 그렇게 될 것이다.

행복의 씨앗이 되는 자질들은 지금 이 순간을 알아차리며 인간 본성의 공간에서 살아갈 때 활용할 수 있다. 그렇더라도 따로 시간을 내어 이 자질들을 강화하고 번영에 도움이 되는 마음들을 향상할 필요가 있다. 마음의 유연성을 이해하면 용기가 생겨나고 과거로부터 힘을 되찾아 올 수 있다.

성찰하기

- 조건화된 습관이 어떤 면에서 삶을 더 힘들게 만들었는가?

- 인간 본성과 연결될 때 어떤 마음이 드는가?

- 인간 본성과 연결되기 어려울 때도 인내하며 삶을 개선하는 데 도움이 되는 좋은 자질을 기를 수 있는가?

- 치유 여정을 시작한 이후 문제 해결 능력이 어떻게 달라졌는가? 삶에서 더 많은 창의력이 발휘되고 있는가?

- 내가 원하는 사람이 될 수 있다는 믿음이 생겼는가?

- 주변에 사랑을 주는 존재로서 인간 본성을 잘 지키며 살아가는 사람이 있다면 누구인가?

6장

•

치유는 도달이 아닌 과정이다
- 정서적 성숙 -

•

정서적 성숙은 포괄적인 용어이지만 여기서는 '지속적인 성장'으로 정의하고자 한다. 이는 내가 감정과 관계를 맺는 방식, 특히 과거로부터 힘을 되찾고 정신적 긴장을 줄이는 방식을 개선하기 위한 평생의 여정이다. 정서적 성숙은 완벽에 관한 것이 아니다. 치유 과정에서 진전을 이루고, 자기 알아차림과 연민을 기르고, 힘든 상황에서 늘 그래왔던 것처럼 강하게 반응하지 않는 연습에 관한 것이다. 이러한 영역 중 어느 하나라도 힘을 키울 수 있다면 축하할 만하다. 모든 것이 완벽하지 않다고 자책하지 말자. 중요한 건 앞으로 나아가고 있다는 사실이다.

자기 알아차림

정서적 성숙은 내면으로 주의를 돌릴 때 시작된다. 도망치거나 마음에 떠오르는 것을 억누르지 않고, 삶의 변화를 헤쳐 가며 자신을 보는 능력을 길러 나가면 자신을 더욱 잘 이해할 수 있게 된다.

자기 알아차림이 자라고 있다는 신호

오고 가는 감정을 느낀다.
과거를 받아들이고 그것이 현재에 나타나는 방식을 알아차린다.
어려운 상황을 겪으면서 자기 마음을 살핀다.
삶에서 반복적으로 나타나는 행동 패턴에 주목한다.
생각이 감정에 어떤 영향을 미치는지 관찰한다.
자기 내면의 이야기를 살핀다.

이러한 정신적 움직임에 세심한 주의를 기울이면 삶을 변화시킬 수 있는 배움의 문이 열린다. 근본적인 정직함이라는 렌즈를 통해 자신을 보는 능력은 정서적 성숙의 토대이며, 이러한 관점은 수동적인 무의식이 아닌 능동적인 명료함을 가지고 결정을 내리는 데 도움이 된다.

반응하지 않기

자기 알아차림을 기르면 마음의 민첩성이 커진다. 현재에 집중하는 시간을 가지면 어려운 상황이 닥쳤을 때 마음의 속도를 늦출 수 있다. 과거에 뿌리를 둔 맹목적인 반응에 빠져드는 대신 의도적으로 잠시 멈춰서 실제로 일어나는 일을 살펴보는 시간을 가질 수 있다. 멈추는

• 내면 치유 •

일은 쉽지 않고 이러한 능력을 기르려면 연습이 필요하지만 그 결과는 실로 엄청나다. 반응하지 않기는 더 깊은 정서적 성숙을 위한 매개체 역할을 한다. 나를 먼저 살피게 하고 스스로에게 시간을 줌으로써 목표에 부합하고 진정성을 존중하는 방식으로 행동하게 만든다.

자기 감정에 솔직해지고 일시적인 감정이 행동을 통제하지 않게 하는 균형을 찾으면 살면서 마주치는 예기치 않은 변화에 잘 대처할 수 있다. 반응하지 않기는 본질적으로 인내 연습이다. 인내심이 쌓일수록 그것이 마음에 스며들어 인식의 폭을 넓혀 준다. 판단하는 태도로 상황을 인식하는 대신 나의 불완전함을 서서히 드러내고 이를 받아들이도록 도와준다.

연민

자기 알아차림을 활용하면서 눈앞에 닥친 모든 어려움에 예전과 같이 반응하지 않으면, 나와 다른 사람에게 사랑과 연민을 느끼기가 훨씬 쉬워진다. 그리고 나는 물론 다른 사람을 제대로 볼 수 있게 된다. 나에 대한 이해가 깊어지면 실수했다고 해서 스스로를 벌주려는 경향이 줄어든다. 또한 다른 사람들이 그들만의 패턴으로 어려움을 겪고 스스로에 대해 배워 가며 삶을 헤쳐 나가는 모습을 보면서 자연스럽게 연민을 느끼게 된다. 나 역시 그러한 길을 걸어왔고 그 과정이 얼마나 힘든지 알고 있기 때문이다. 정서적 성숙은 자기 관점 밖에서 세상을 바라보는 힘을 준다. 다른 사람의 입장에 서서 그들의 상황을 바라보는 일은 적극적인 형태의 연민이다.

성장과 치유

배우고 치유할 부분이 많다는 걸 인정할 때 정서적 성숙은 깊어진다. 오래된 트라우마를 없애기 위해 노력하든 긍정적인 습관을 새롭게 개발하는 일에 초점을 맞추든, 개인의 발전에 적극적으로 헌신하면 더 깊은 수준의 지혜와 평화를 얻을 수 있다. 힘든 싸움 중 하나는 나의 발전과 정신 건강에 도움이 되는 생활방식을 선택할 충분한 용기와 내면의 안정감을 갖는 일이다. 성장을 위한 평생의 다짐을 한 후에는 그 길을 계속해서 걸어가는 노력이 뒷받침되어야 한다. 즉각적인 생각이 항상 옳지는 않으며, 인내심을 가지고 자기 패턴의 뿌리를 조사하는 일은 가치 있는 일이기에 정서적 성숙은 겸손과 끈기를 가지고 평생 실천해야 할 일이다. 정서적 성숙의 핵심은 나와의 의사소통을 개선하는 것이다. 나를 향한 지속적인 헌신은 다른 사람과의 외적인 관계 및 소통 역시 향상한다.

회피의 끝은 공허함이다

내면의 고통이나 감정의 격동을 감당할 수 없을 때 다른 사람을 도피수단으로 삼는 악순환에 빠지기 쉽다. 나를 회피하려고 다른 사람들과 시간을 보내는 일은 상처가 무겁거나 아직 자기에게 적합한 치유법을 찾지 못했을 때 흔히 보이는 패턴이다. 때때로 이는 무의식적인 패턴이며, 외부에 지나치게 집중한 나머지 무엇이 내 행동에 동기를 부여하는지 확인할 수 있는 자기 알아차림이 없는 상태이다.

힘들 때 다른 사람과 시간을 보내는 게 잘못은 아니다. 인간은 원래 상호의존적인 동물이며 공동체 안에서 소속감을 느끼는 것만으로도 치유될 수 있다. 조심해야 할 것은 지속적으로 고독을 피하는 일이다. 지금 당장 처리하기에 힘든 일을 친구가 나서서 도와주는 건 잘못이 아니다. 하지만 많은 관계가 내면의 긴장을 회피하기 위한 수단으로서 존재한다면 이는 나와 단절되어 있음을 보여 주는 분명한 신호이다.

과거에 내가 회피를 위해 선택했던 방법은 쾌락에 깊이 빠져드는 것이었다. 이는 고통을 어떻게 다뤄야 할지 모를 때 사람들이 종종 이용하는 도피처이다. 과거가 압도적으로 느껴지거나 회피 패턴이 깊이 뿌리박혀 있으면 이러한 건강하지 못한 습관에 빠지기 쉽다. 쾌락에 대한 집착은 극도로 자기중심적인 사고방식을 만들 수 있다. 누군가는 항상 다른 사람이나 일에 둘러싸여 있는 상황을 도피처로 삼기도 한다. 과식, 지나친 TV 시청, 약물 남용, 또는 쾌락에 젖어 현실에 온전히 몰입하지 못하게 하는 극단적인 행위를 도피 메커니즘으로 삼는 사람도 있다.

나로부터 도망치는 행위는 관계에 분명한 결과를 가져온다. 나를 잘 알지 못하면 주변 사람들을 깊이 사랑하고 이해할 수 없다. 정직하게 자신을 대할 수 없으면 다른 사람에게 내어 줄 마음의 공간을 마련하거나 그들과 진정한 관계를 맺기 힘들어진다. 또한 자기 연민이 없으면 다른 사람을 대하기가 어려워진다. 완전히 정직해지는 일이 처음에는 어렵지만, 신뢰와 이해를 쌓아 감으로써 단단하고 안정된 관계의 초석을 마련할 수 있다.

흥분, 쾌락, 또 다른 자극만을 추구하는 관계는 피상적인 경향이 있으며 오래가지 못한다. 모든 요소를 아우르는 관계는 각자가 서로에게 진정으로 귀 기울일 준비가 되어 있을 때만 가능하다. 거기에는

• 내면 치유 •

즐거움과 심도 있는 토론, 진실을 공유할 수 있는 공간이 있다. 즐기는 것 자체는 아무 문제가 없지만 재미만을 좇아서 인생을 살다 보면 머지않아 공허함을 느끼게 된다.

많은 사람이 자기 알아차림을 기르는 과정에서 자신이 맺고 있는 관계가 얼마나 표면적이고 피상적인지 깨닫게 된다. 직관적인 분석은 어떤 관계에 에너지를 쏟아야 하고 어떤 관계를 놓아 버려야 하는지를 알아차릴 때 시작된다. 내면의 빛이 밝게 빛나기 시작하면 때때로 관계의 범위가 좁아지기도 하지만 대신 각각의 상호작용에 의식적으로 현존하고 있음을 느끼게 된다.

내면의 풍경을 따라 여정을 시작하면 자기 알아차림이 활성화되고 지혜의 문이 열린다. 오랜 기간 얽혀 있던 것이 풀리면서 진화가 촉진된다. 더는 내가 나에게 낯선 존재가 아니라는 사실은 모든 관계를 더욱 풍성하게 하고 상호 만족감을 채우는 데 도움이 된다. 그리고 보통 이 과정에서 자신이 선택한 길과 가치에 더 잘 맞는 새로운 인간관계를 만들어 간다.

성숙한 삶을 위한 6가지 태도

정서적 성숙의 핵심은 단기적인 즐거움보다 장기적인 행복을 위해 건강한 희생을 치르는 것이다. 예를 들어 정서적으로 성숙한 사람은 힘든 상황에서도 치유를 위한 시간을 할애한다. 내면의 갈망이 건강에 좋지 않은 묵은 관계로 나를 데려가려 할 때도 관계 회복을 위한 공간을 마련한다. 좋은 습관이 매우 느리게 쌓이는 것처럼 느껴지더라도 그 반복을 받아들인다. 그것이 의미 있고 깊은 관계를 구축하는 유일한 방법임을 알기에 마음을 여는 용기를 발휘한다. 끊임없이 과거에 있었던 일을 평가하지 않고 새로운 관점에서 지금 이 순간을 받아들이려고 노력한다.

무엇보다 정서적으로 성숙한 사람은 갈망하는 것이 아니라 필요로 하는 것을 자기 자신에게 준다. 이들은 자기 에너지를 귀중한 자원으로 여기면 그것이 삶에 깊은 영향을 미친다는 사실을 잘 안다. '아니오'라고 말하는 데 익숙해져서 주어진 시간에 집중하고 높은 목표를 향해 더욱 정진한다. 성취감을 느끼기 위해 많은 외부 자극이 필요하지 않기에 가끔 몇몇 이벤트를 놓치더라도 개의치 않는다. 이제 성취감은 바깥이 아닌 치유 과정에서 드러나는 자기 관리와 온전함에서 비롯되기 때문이다. 그들은 건강한 관계를 맺는 일에 활짝 열려 있으면서 친밀한 관계로 받아들이는 일에는 매우 의식적이다. 그리고 여정을 이어 가는 동안 자신이 성장할 수 있도록 휴식에 더 많은 시간을 할애한다. 이들은 다른 사람에게 친절하고 상냥하면서 자신의 성장에 도움이 되는 일을 최우선 순위로 삼는다. 다음은 정서적으로 성숙한 삶을 만들어 가는 데 특히 도움이 되는 몇 가지 기본적인 방법이다.

모든 논쟁에 뛰어들거나 모든 문제에 대해 자기 의견을 말할 필요는 없다.
때로 자기 방어를 위해 또는 경계를 재확인하기 위해 목소리를 낼 필요가 있지만, 말을 아끼면 주장하는 바가 훨씬 더 명확해지고 내 말이 큰 영향을 미칠 수 있는 순간을 위해 에너지를 아낄 수 있다. 대개 말하고 싶은 충동은 자아를 중심으로 일어나며 상황에 더 큰 마찰을 일으킬 수 있다. 노련하게 처신하고 말하기 전에 왜 그 말을 하고 싶은지 이해하는 시간을 갖는 것이 중요하다. 우위를 차지하려는 반응과 충동에서 나오는 말인가? 아니면 두 사람이 서로를 이해하려는 호기심에서 나오는 말인가? 정말로 다른 사람의 말에 귀 기울이고 있는가, 아니면 그저 다음에 자신이 하고자 하는 말을 준비하고 있는가?

강한 결단력을 발휘하라. 내 인생에서 가장 큰 변화를 가져온 치유법 중 하나는 변화를 결심한 순간 내렸던, 치유의 길을 고수하리란 다짐이었다. 성장하는 데는 여러 가지 방법이 있지만 새로운 길을 가고 싶을 때마다 굳은 결심을 하고 스스로에게 다음과 같이 말해야 할 순간이 있다. "누구든, 상황이 어떻든, 이 길로 가고자 하는 나를 막을 수 없다. 이 길이 나에게 최선이며 더 이상 행복을 위태롭게 하지 않을 것이다." 이러한 강인한 결단력은 매일 내가 일상적으로 명상을 하고 글쓰기를 업으로 삼는 데 도움이 되었다.

자기 알아차림이 자라나면 중요한 결정을 앞두고 있을 때 내면의 고민이 단순해지고 스스로 내려야 할 결정의 방향이 분명해진다. 자신이 스스로에게 수수께끼 같은 존재가 아니라면, 어느 길을 택하고 어디에 시간을 할애해야 할지에 대한 분투가 사그라들고 시간 낭비도 덜 하게 된다. 나의 열망이 무엇을 향하는지 알고 진정한 나로 존재하는 연습을 하고 있기에 자기 목표와 일치하지 않는 것에 오래 머물 수 없게 되는 것이다. 자기 알아차림은 직관을 강화한다. 내공이 쌓이면 무엇이 나를 위한 것이고 무엇이 아닌지를 알게 된다.

비슷한 감정은 서로 끌어당긴다는 사실을 명심하라. 감정은 비슷한 감정을 끌어당기며, 내가 대인관계에서 다른 사람에게 주는 감정은 다시 나에게로 돌아온다. 내 기분이 우울하고 마음과 행동에 분노가 퍼지기 시작하면 다른 사람들 또한 나에게 분노로 반응하기 쉬워진다. 그렇게 해도 된다고 느끼기 때문이다. 마찬가지로 자신의 취약성에 깊이 들어가서 그것을 솔직하게 표현하면, 다른 사람들이 연민과 이해하는 마음으로 반응할 기회를 얻게 된다. 내가 표현하는 감정은 종종 다른 사람에게도 같은 감정을 불러일으킨다. 사람들이 화를 낼 때는 보통 마음 깊은 곳에 자리한 두려움과 상처가 원인이다. 무언가가 생존 본능을 일깨우고 인간의 습관 중 하나인 분노를 보호의 수단으로써 활성화하는 것이다.

깊이 치유하고 정서적 성숙을 이룬 사람은 누군가가 자신의 긴장을 확산하려고 일으키는 불필요한 논쟁에 휘말리지 않기 위해 고차원적인 노력을 한다. 정신적인 인내와 민첩성으로 그들이 뿜어내는 긴장에 반응하려는 내면의 생존 본능을 잠재운다. 이렇듯 자기 알아차림을 활용해 생존 본능을 잠재우는 것은 습관에 반기를 들고 본성의 손을 들어주는 일이다. 인간 본성의 공간에서는 온화하게 대하고, 다른 관점으로 바라보고, 사랑을 표현하고, 창의성을 발휘하고, 연민과 이해를 가지면서도 필요한 경우 스스로를 보호할 수 있다. 본성에 따라 행동한다고 해서 수동적인 사람이 되는 건 아니다. 오히려 어려운 상황에 능숙하게 대처할 수 있게 된다.

책임감을 가지고 행동하라. 치유와 행복에 대한 책임을 받아들이는 일은 상상 이상으로 어렵지만, 이는 내면의 평화·정신적 명료함·지속 가능한 행복으로 이어질 수 있는 유일한 길이다. 마음에서 긴장이 느껴질 때마다 이를 다른 사람 탓으로 돌리면 실질적인 행복이나 진정한 평화를 느끼기 어려워진다. 삶이라는 바다는 내가 돛을 올리고 거센 파도를 넘어 저 멀리 나아갈 때까지 이리저리 나를 밀어붙인다. 인생에는 의심할 여지 없이 힘든 순간이 있지만 무의식적으로 마음을 움직이지 않는 것이 좋다. 상황을 인식하는 방식이 항상 과거에 일어난 일에 의해 좌우될 필요는 없다. 오히려 상상에서 벗어나 자기 내면과 눈앞에서 실제로 일어나고 있는 일에 마음을 집중함으로써 현재에 잘 적응할 수 있다. 더 나은 삶을 위한 토대를 구축하는 작업은 마음에서 일어나는 일에서 시작된다. 누군가가 나를 떠밀고 시험할 수 있지만, 내면의 균형이라는 기둥을 세우고 자기 중심을 잃지 않으면 바깥세상이 혼란스러울 때도 굳건히 버틸 수 있다.

거절하는 법을 배워라. 목표를 최우선 순위로 삼는다는 건 나의 비전과 일치하지 않는 일은 거절한다는 뜻이다. 이는 내가 어디로 가고 있는지 분명하게 알고 있다는 신호이기도 하다. 자신의 진짜 열망이 무엇인지를 알면 앞으로 나아갈 길이 선명해져서 다른 길로 빠지지 않는다. 자칫하면 미래의 나에게 전혀 도움이 되지 않는 방식으로 에너지를 써 버릴 수도 있기에 내가 세운 목표와 비전에 맞는 일에 집중해야 한다. 모든 사람에게는 유한한 양의 에너지와 시간이 주어지므로 자기 자신과 진지한 대화를 나누고 다음과 같은 질문을 던지는 것이 매우 중요하다. 나는 인생에서 무엇을 하고 싶은가? 10년 뒤 어떤 모습이길 바라는가? 나중에 성공하려면 지금 무엇을 해야 하는가? 자신이 세운 목표를 이루기 위해 에너지를 쏟는 것은 이기적인 행동이 아니다. 그렇게 할 수 있다는 건 나에게 진정 무엇이 중요하고, 현재 무엇을 하고 있는지 혼란스러워하지 않을 만큼 스스로를 깊이 알고 있음을 의미한다.

자기계발의 한 측면은 정말로 나의 열정을 자극하는 일이나 기회를 확보하기 위해 좋은 제안을 거절할 줄 아는 것이다. 작은 성과에 안주하지 않는 것이 자애의 원칙을 구체화하는 직접적인 방법 중 하나이다. 자기 꿈에 부응하거나 더 큰 사명에 따르는 것은 정신적으로 훨씬 어려운 일이다. 낮은 곳에 달린 과일을 따기가 더 쉽지 않은가.

그러나 '아니오'라고 말함으로써 깊은 성취감을 얻을 수 있는 방향으로 경계를 설정할 수 있다.

미련 없이 거절하는 힘을 활용하면 나의 진정한 가치를 재확인하고 아직 열어 보지 않은 문을 활짝 열어 젖힐 수 있다. 만약 마음 깊은 곳에서 몇 주 또는 몇 달 안에 후회하게 되리란 걸 알고 있다면 그것은 나에게 맞지 않는 것이다. 정말로 나에게 좋은 기회라면 설득하려고 애쓰거나 고민할 필요 없이 직관적으로 달려들게 되어 있다. 딱 맞아떨어진다는 느낌이 들면서 지금 막 내 이야기의 다음 장이 펼쳐지고 있음을 알게 된다. 나의 가치를 존중하지 않는 일을 거절하는 게 큰 위험처럼 느껴질 수 있지만, 적절한 사람과 기회가 다가오도록 인내심을 가지고 움직이는 편이 낫다.

겸손함을 유지하라. 겸손은 개인적 성장을 통해 이익을 얻을 수 있음을 스스로 인정하는 것이다. 이는 내면의 힘을 보여 주는 분명한 신호이지만 쉽지는 않다. 자아는 자기 시야 너머에 있는 것을 보기 힘들기 때문이다. 정서적 성숙을 알리는 명백한 신호는 자아가 성급하게 결론을 내린 다음 빨리 판단하지 못하도록 자신을 제지하는 때를 알아차리는 것이다. 커진 자아는 긴장감으로 가득하고 너무 취약한 상태여서 무언가 잘못되었을 때를 인지하지 못한다. 배워야 할 것이 더 많음을 알면 자아를 제어하는 데 도움이 된다. 다른 이들로부터 항상 배울 만한 무언가가 있음을 알면 자신을 오만과 가혹한 판단으로부터 지킬 수 있다.

자신감과 과신 사이에는 미묘한 차이가 있다. 자아는 적절한 평가를 내리기 위해 사람, 주제, 상황에 대한 정보가 거의 없을 때도 마주하는 모든 것을 평가하면서 항상 자신이 이해하는 것 이상으로 확장하려고 노력한다. 그러기보다 내가 진정으로 이해하는 대상을 평가하고 그렇지 못한 것에 대해서는 질문을 던질 수 있는 내적 강인함을 키워야 한다. 특히 시간이 더디게 가거나 힘든 상황에 처했을 때 이 사실을 떠올리는 것이 중요하다. 기분이 우울하면 자아는 종종 스스로를 공격하는 상태로 돌아가기 때문이다. 기분이 안정되면 자신을 더 명료하게 바라볼 수 있다. 성급한 평가는 도움이 되지 않는다는 사실을 상기시켜 주는 겸손함을 갖추는 건 좋은 태도이다. 판단에 따르는 책임은 무겁다. 열린 마음을 유지한다면 보다 순조롭게 삶을 살아갈 수 있다.

차이를 위한 공간

진정한 성숙은 의견 차이 속에서도 평화를 유지하는 것이다. 침착하게 차이를 인식한다면 자아가 상황을 악화하지 않고 자신의 요점을 정확히 전달하는 데 도움이 된다. 그러면 나쁜 순간이 나쁜 날로 바뀔 가능성이 줄어들고 내가 느끼는 긴장감이 주변에까지 부정적인 영향을 미치는 일을 막을 수 있다. 내 안의 평화에는 의견 차이가 논쟁으로 확대되는 것을 막을 수 있는 힘이 있다. 단순한 의견 차이가 실제 갈등으로 번질 정도로 심화되는 데는 두 사람이 개입된다. 그중 한 명이라도 긴장한 상태로 행동하지 않는다면 정중한 대화를 이어 갈 수 있다.

　의견 차이를 논의의 씨앗이라고 생각하는 편이 논쟁의 불씨가 되도록 두는 것보다 생산적이다. 논의는 의견을 나누는 일이지 다투는 일이 아니기 때문이다. 논의를 할 때는 자아가 스스로를 보호할 필

　　　　　　　　　　　　　• 내면 치유 •

요가 없으므로 논리적 사고가 더 쉽게 유지될 수 있다. 평화를 유지하면 마음을 열고 유연하게 행동하는 데 도움이 되어 더 쉽게 해결이 날 수 있다. 사람들 간의 의견 차이는 서로를 더 깊이 이해하는 기회가 될 수 있는 삶의 자연스러운 부분이다. 연민을 가지고 반대 의견을 탐색하면, 나의 관점을 부드럽게 전달하고 중간 경로를 찾는 일이 가능해진다. 조화는 갑자기 이루어지지 않는다. 그것은 종종 의견 차이라는 바위투성이의 험한 땅에서 꽃을 피운다. 다양한 관점을 받아들일 공간을 비워 둘 수 있다는 것은 진정한 사랑의 표시이다.

우리는 누가 나에게 잘못된 분노를 보내고 있는지 알 수 있다. 사람들은 종종 아무 관련이 없는 사람과도 자신의 불행을 공유한다. 감정은 스스로 전파되는 경향이 있다. 분노는 더 많은 분노를 일으키고 기쁨은 더 많은 기쁨을 만들어 낸다. 누군가가 불안의 고리에 갇혀 이성적인 사고를 할 수 없는 상태임을 알아차렸다면, 그로부터 한 발짝 물러난 곳에서 지켜봐 주자. 그가 내뿜는 거친 기운에 휩쓸리지 않으면서 연민을 가질 수 있다. 다른 사람이 아니라 스스로 자신의 정신 상태를 통제할 수 있다는 건 자기 힘을 되찾고 있다는 신호이다. 누군가가 나에게 함께 분노하도록 부추기더라도 그에 응할 필요가 없다.

목표는 냉정함을 잃지 않고 혼란스러운 분위기에 휩싸인 사람을 능숙하게 다루는 것이다. 내가 그들을 도울 수 있는 순간이 분명 있겠지만 항상 그런 것은 아니다. 어떤 상황에서든 나의 임무는 내 정신 건강을 위해 옳은 일을 하는 것이다. 명심하라. 구세주 콤플렉스에 빠지지 말아야 한다. 도와줘야 한다는 사명감에 집착하지 말고 도와줄 수 있는 상황이 될 때 도움을 건네자. 모두를 구하는 것이 나의 일은 아니다. 이러한 균형을 찾는 일이 내 삶과 개인의 감정 수용력을 위한 특별한 임무가 될 것이다.

직관의 묘미

과소평가되는 정서적 성숙의 한 측면은 직관에 귀 기울이는 능력이다. 인간은 모두 자신의 직관을 다르게 느낀다. 나에게 직관은 어떤 일이 상당한 도약이나 큰 위험을 감수해야 함을 의미하더라도 그것을 계속해서 수행할 때 지속되는 조용한 앎이다. 두려움이 앞으로 나아갈 작은 틈조차 없는 공간으로 나를 몰아넣게 두기란 쉽다. 하지만 직관은 내가 세상 밖으로 나와 깊이 품은 열망을 실현할 수 있게 한다. 직관은 두려움에 근거하지 않으며 마음속에서 소용돌이치는 끝없는 갈망과는 다르게 느껴진다. 마치 몸속에 있는 침착한 나침반처럼 다음에 어디로 가야 할지 알고 있는 것처럼 보인다. 안전지대에서 완전히 벗어난 일을 해야 해서 마음이 두려움과 혐오로 움츠러든다고 할지라도 말이다.

보스턴에 살면서 치유의 여정을 이어 갈 때, 직관이 정확한 방향으로 나에게 말을 걸었던 아주 생생한 순간이 있었다. 그때 나는 서서히 내면의 힘을 되찾고 있었고 더 이상 약물의 지배를 받지 않았다. 몇 가지 위빠사나 수련에 참여했고, 대체로 이전보다 행복했으며, 내 안에 흐르는 사랑과 긴밀히 연결되어 있었다. 그곳에서 치유의 여정을 계속해 나갈 수도 있었지만, 직관이 나에게 성장을 위해 보스턴을 떠나 뉴욕으로 이사할 때임을 알려 주었다.

사실 1년 전에 뉴욕으로 이사를 가려고 했지만 잘되지 않았다. 친구들은 내가 오기를 원했고, 실제로 몇 주 동안 친구 신과 함께 살면서 일자리를 찾아보기도 했다. 하지만 도착하자마자 나는 이 결정이 잘못되었다는 느낌을 받았다. 뉴욕과 친구들을 사랑했지만 내 안의 무언가가 아직은 때가 아니라고 끊임없이 속삭였다. 그러나 이번에는 상황이 달랐다. 전에는 내면에서 이렇게 확실하게 지지하는 느낌을 받아 본 적이 없었다. 그냥 단순한 지지가 아니었다. "다음 단계는 뉴욕입니다"라고 말하는 분명한 지시 같았다.

나는 아내 사라와 상의했고, 그녀는 우리가 새로운 모험을 시작하고 그곳에서 무엇이 우리를 기다리고 있는지 확인해야 한다는 데 마음을 모았다. 치열한 환경에 뛰어들더라도 흔들리거나 길에서 벗어나지 않을 만큼 치유의 여정에 충분히 몸을 담고 있었기에 모든 것이 딱 맞아떨어졌다. 한편 나는 명상 수업에서 안와르라는 새로운 친구를 사귀었다. 그 역시 뉴욕에 살고 있었는데, 그로 인해 오래된 친구들과의 관계를 유지하면서도 내가 만들고자 하는 건강한 생활방식에 맞는 새 친구들을 사귈 수 있음을 깨달았다.

나와 사라는 둘 다 보스턴에서 일했기 때문에 그곳을 떠나는 데 많은 용기가 필요했지만, 그곳에서의 시간이 다 되었음을 느꼈다. 보스턴에는 우리가 찾는 경력 성장이나 지역사회 지원에 대한 기회가 없었다. 우리는 더 나은 기회를 얻기 위해 좋은 것을 남겨 두고 떠나는 위험을 감수해야 했다. 이번에는 뉴욕에 도착하자 모든 문이 열리는 것처럼 느껴졌다. 마치 도시가 두 팔을 벌려 우리를 맞이하는 느낌이었다. 처음 한 달 동안 나와 사라는 신의 아파트 방 한 칸을 빌려 머물렀고, 다음 달에 크라운 하이츠에서 새 아파트를 찾았다.

사라는 아주 운이 좋게도 친구의 도움으로 급여나 적성면에서 이전 직장보다 훨씬 더 나은 일자리를 찾았다. 나 역시 일자리를 구하고 있었는데 결국에는 잘되리라는 강한 예감이 들었다. 이전부터 내 직관은 같은 메시지를 계속해서 보내 왔는데, 뉴욕에 자리를 잡고 나니 글쓰기에 집중해야 한다고 더욱 명확하게 말해 주었다. 살다 보면 직관이 하는 말을 듣기가 두려울 때도 있다. 괜찮다. 다만 직관이 던진 메시지를 잊지는 말자. 스스로 준비가 되었다고 생각될 때 다시 떠올리면 된다.

나는 글쓰기에 집중하라는 직관의 메시지를 1년 전에 들었지만, 당시는 진지하게 받아들이지 않았다. 받아들이기에 낯설었기 때문이다. 이번에는 번개가 치듯 메시지가 다가왔다. 지금 글쓰기에 집중한다면 누군가에게 도움이 될 수 있을 거라는 생각이 들었다. 나는 이미 치유가 가능하다는 사실에 깊이 감명을 받았고 다른 사람들에게 치유의 가능성을 알리고 싶었다. 모두가 꼭 나처럼 해야 할 필요는 없지만, 각자 자신만의 길과 방식을 찾는다면 마음의 긴장을 완화하고 더 나은 삶을 가꿔 나갈 수 있을 거라는 확신이 생겼다.

솔직히 처음에는 이 결정이 우리 재정에 어떤 영향을 미칠지 두려웠고 사라에게 모든 것을 맡기는 게 불편하기도 했다. 우리 두 사람은 부유한 가정에서 태어나지 않았고 여전히 월급에 의존하며 살아가고 있었기 때문이다. 며칠 동안 전업 작가의 길을 가는 게 정말 가능할지 고민했다. 사실 글을 쓰겠다는 생각은 두껍게 쌓인 조건화에 깊이 가려져 있다가 명상을 시작한 후에야 비로소 그 모습을 드러냈다. 막상 수면 위로 드러나자 그것은 놀라움 자체였다. 한동안 일자리를 찾아다닌 끝에 나는 용기를 내어 사라에게 내 생각을 전했다. 정말로 내가 글 쓰는 일을 계속해도 될지 알아보기 위해 글쓰기 연습을 할 시간을 줄 수 있는지 물었다.

이에 관해 그녀와 대화를 나누는 게 무척 두려웠던 기억이 난다. 그녀는 분명 주저했지만, 내 이야기를 귀 기울여 들어주었고 나에게 기회를 주는 데 동의했다. 나 역시 글 쓰는 일을 업으로 삼을 수 있다는 확신이 없었기에 사라가 느꼈을 초조함에 공감했다. 나는 고등학교와 대학교에서 쓴 에세이 외에는 글쓰기 경험이 거의 없었다. 하지만 직관적으로 즐거움만을 위해서가 아니라 기술을 배우고 나만의 목소리를 계발하기 위해 글쓰기 연습에 시간을 투자하고 싶다는 생각이 들었다.

인스타그램 계정은 자연스러운 통로처럼 느껴졌다. 공유한 에세이와 짧은 시들에 대한 즉각적인 피드백은 사람들에게 더 편안하게 다가갈 수 있는 글을 연마하는 데 도움이 되었다. 긴 시간이 필요했고, 대부분의 시간 동안 실패하고 있다고 느꼈으며, 평범한 직업을 가질 기회마저 놓치고 있는 건 아닌지 의심과 걱정이 들었지만 버텨 보기로 했다.

그 후 2년 동안 많은 시간을 아파트에서 혼자 지내며 글을 쓰고 내 목소리를 찾는 데 집중했다. 점점 더 많은 사람이 온라인에서 내 글을 읽고 계정을 팔로우하기 시작했다. 내 글이 사람들에게 반향을 일으킨다는 사실에 놀랐고 감사했다. 자신감이 붙은 나는 첫 책을 자체 출판했고 오래지 않아 책이 출판사의 눈에 띄어 전 세계로 배포되었다. 지금도 기적처럼 느껴질 만큼 글쓰기로의 도약이 성공했다는 사실이 잘 믿어지지 않는다. 내 안의 직관에 귀 기울일 용기가 없었다면 아마도 불가능했을 것이다. 처음에는 아무것도 가진 게 없었지만 비전을 세우고 올바른 길을 가는 데 직관이 도움이 되었다.

직관의 묘미는 그것에 귀를 기울이기만 하면 성장하도록 밀어준다는 것이다. 내 경험에 비추어 볼 때 직관을 따르면 깊고 깊은 두려움도 다룰 수 있다. 또한 사랑하는 이들에게 도움받기를 꺼리는 마음도 누그러뜨릴 수 있다. 직관은 계획이 아주 명확하지 않을 때도 과정에 대한 믿음을 갖도록 가르쳐 주었다. 작가가 되는 것은 언제나 나에게 개인적인 성장 다음으로 중요한 일이었으며, 글쓰기를 연습하는 과정에서 그 사실을 몇 번이고 깨달았다. 개인적인 성장을 통해 내 안의 이러한 면을 발견할 수 있었고 창의력을 발휘하는 데도 도움이 되었다. 이를 통해 나는 치유가 늘 최우선 순위여야 함을 알게 되었다. 창의적인 모험은 그다음 문제이다. 성장하지 못한다면 내가 하는 모든 일이 집중력 상실로 인해 약해질 것이기 때문이다.

인생은 매 순간 앞으로 흐른다

치유에 대해 생각할 때, 사람들은 종종 상처와 트라우마를 입기 전으로 돌아가고 싶다는 생각을 한다. 겉보기에는 치유가 나를 원래 상태로 되돌리는 일처럼 보일 수 있다. 하지만 더 깊이 들여다보면 나는 항상 변하고 있음을 알 수 있다. 정신적 현상과 신체적 현상 사이의 상호작용은 놀라운 속도로 일어난다. 일상적인 수준에서 인간은 견고해 보일 수 있지만 실제로는 지속적인 운동 상태에 있다. 즉 과거의 나는 기억으로만 남아 있을 뿐 진정으로 돌아갈 수 있는 사람이 아니다.

인생은 매 순간 앞으로 흐른다. 지금 이 순간은 조금 전 과거와 비슷해 보이지만 근본적으로 같지는 않다. 나도 마찬가지다. 이러한 진화를 받아들이고 변화에 에너지를 쏟을 때 내면에서 일어나는 타고난 변화의 흐름에 더 명확한 방향을 제시할 수 있다. 과거를 이해하

・ 내면 치유 ・

고 의도적으로 현재를 살아감으로써 힘을 되찾을 수 있고, 지금 이 순간에 현명한 행동을 선택함으로써 더 나은 미래를 만들어 갈 수 있다.

고정된 정체성은 삶을 더 힘들게 만든다. 자아를 변하지 않는 무언가로 여기는 일은 존재를 관통하는 자연스러운 변화의 흐름을 거스르는 일이다. 새로운 습관을 만들고, 새로운 아이디어나 관점을 계발하고, 과거의 존재 방식을 버림으로써 변화를 위한 공간을 마련하면 인생의 고난을 헤쳐 나가는 데 도움이 된다. 또한 유연한 정체성은 번영과 성장, 나의 새로운 면을 발견하는 데도 도움이 된다. 나를 지금 그대로 유지하려 하거나 예전의 모습으로 돌아가려는 시도는 일종의 집착이다. 이는 안정감을 주기보다 정신적 긴장을 유발한다. 존재하는 모든 것이 변화의 진리를 따른다면, 내가 할 수 있는 유일한 선택은 변화를 받아들이고 그것이 나의 진화에 영감을 주도록 하는 것이다.

시련은 성숙을 위한 시간이다

최고의 나는 편안하게 살아온 사람이 아니다. 최고의 나는 큰 시련의 과정과 그 이후에 탄생한다. 힘든 순간들은 지금까지 성취한 치유를 적용할 기회를 제공하고 훨씬 더 성장할 수 있는 원동력이 되어 준다. 눈앞의 어려움은 내가 어떻게 성장했고 앞으로 어떤 방식으로 성장해야 하는지를 알려 줌으로써 편안한 시기에는 경험할 수 없는 방식으로 나의 역량을 확장해 준다.

사람들은 외적인 의미에서만 치유를 생각한다. 치유를 오래 지속하려면 자기 인식과 반응을 개선해야 한다는 사실을 깨닫지 못한 채 삶의 장애물을 없애려고 애를 쓴다. 어려운 사람을 거절하고 행복에 더 실질적인 도움을 주는 쪽으로 나아가는 게 잘못은 아니다. 하지만 삶에서 모든 어려움을 없앨 수 있으리라 기대하는 것은 비현실적이다. 인생이라는 바다는 고요함과 폭풍 사이로 흐른다. 힘든 순간이 많다는 사실을 인정하면 저항하는 마음을 내려놓을 수 있고, 덜 긴장한 채로 그 시기를 건너며 삶의 지혜를 얻는 기회로 삼을 수 있다. 맹목적인 반응이 아닌 균형 잡힌 행동으로 어려운 상황을 마주하는 일은 새로운 정서적 성숙의 신호이다.

정서적 성숙은 처리되지 않은 감정들을 다루기 위해 내면 깊은 곳으로 향할 때 더 많이 일어난다. 정서적 성숙은 개인의 삶에 좋은 것들을 가져다줄 뿐 아니라 내가 더 깊은 관계를 맺을 수 있도록 준비시킨다.

성찰하기

- 지난 몇 달간 정서적 성숙이 어떤 식으로 발전했는가?
  과거에는 할 수 없었지만 지금은 할 수 있는 게 있다면
  무엇인가?

- 힘든 감정이나 상황으로부터 도망치려고 했던 때를 기
  억하는가? 어떤 상황이었는가?

- 자기 알아차림이 정서적 성숙에 어떤 영향을 미쳤는가? 나의 더 많은 면을 볼 수 있다는 건 어떤 느낌인가?

- 요즘 자기 감정과 어떤 관계를 맺고 있는가? 특정한 감정이 들면 그것을 존중하고 받아들일 수 있는가?

- 다음에는 어떤 방식으로 정서적 성숙을 발전시키고 싶은가?

- 스스로에게 완벽함을 기대하는가? 스스로에게 너무 많은 것을 요구하고 있음을 깨달았을 때 그것을 내려놓을 수 있는가?

- 평안한 곳에서 힘든 일을 다루고 있는가, 아니면 과거의 상처가 있는 곳에서 다루고 있는가?

- 조화를 이루기 위한 중간 경로를 찾았는가?

• 내면 치유 •

7장

•

세상에 완벽한 사람은 없다
- 관계 -

•

사랑은 많은 유의어를 갖고 있다. 정신적 명료함, 연민, 이타심, 유연성, 관심, 수용, 이해. 사랑은 바위처럼 단단하면서도 물처럼 유연하다. 사랑은 사람들을 완전하고 건강하게 유대시키기 위해 필요에 맞춰 변화한다. 그러나 인간이라는 존재는 복잡하며 각자 힘든 시간을 겪으면서 얻은 생존 모드의 짐을 짊어지고 있다. 사랑은 자유롭고 집착은 통제하며, 모든 인간은 이 두 가지가 혼합된 형태로 관계를 시작한다.

내가 짊어진 짐 때문에 사랑은 방해받는다. 내가 느끼는 상처에 대해 사랑을 탓하기 쉽지만 사랑은 단지 나를 열어 줄 뿐이다. 상처는 자비로운 태도를 보이지 못하게 하는 무거운 조건화와 불운의 패턴에서 비롯된다. 사랑에 빠졌어도 그 사랑을 돌볼 준비가 되어 있지 않을 수 있다. 상대방에게 사랑을 느끼면서도 눈앞에 있는 놀라운 관계에 대한 감사를 가로막는 다양한 집착이 있을 수 있다. 집착은 특별한 방식으로 존재하길 바라는 인간의 갈망이며 사랑의 강력한 흐름을 막는 바위와도 같다. 집착은 주로 과거에 느꼈던 상처에 의해 형성된다. 이런 의미에서 집착은 경직성을 의미한다고 말할 수 있다.

집착은 사랑에 대한 자기중심적 접근 방식을 가지고 있다. 상대방에게 바라는 것은 많지만 주는 것은 없다. 하지만 상호 간의 연결에는 균형을 잡아야 할 일이 많다. 통제하는 대신 행복을 응원하고 좋은 타협점을 찾기 위해 의사소통에 집중해야 한다. 상대방의 행복을 희생해서라도 내가 원하는 결과를 얻는 데만 집중하는 것은 이미 마음이 집착으로 가득 찼다는 뜻이다. 반면 상대방의 기분을 맞춰 주는 데만 신경을 쓰고 타협점을 찾으려는 노력을 기울이지 않는다면 이 또한 건강하지 못한 연결이다. 진정한 사랑은 집착이 아닌 연결을 불러온다.

자신이 매우 불완전할 때조차 관계를 작동시키는 힘은 자기 알아차림에서 나온다. 자기 내면을 들여다보고, 무의식적인 생각이 명확해지도록 정신적 움직임에 충분히 주의를 기울이는 일은 나와 주변 사람들을 위한 사랑의 행위이다. 사랑과 집착 중에 어느 쪽에서 동기를 부여받고 있는지를 알면, 습관적인 반응으로부터 힘을 되찾고 의도적으로 조화로운 대응을 끌어낼 수 있다. 사랑을 선택하려면 자기 알아차림이 필요하다.

사랑은 치유를 부르고, 두 사람이 자기 알아차림을 꽃피우고 정서적 성숙을 기를 수 있는 길을 만들어 준다. 사랑은 강력한 빛이다.

사랑에 몰두하고 성장할 준비가 되어 있다면 그것이 진정한 내 모습을 드러내도록 도와줄 것이다. 사랑은 단지 마음을 달래기 위한 것이 아니라 진화의 원동력이다. 근심 걱정 없이 현재를 살아가기 위해 과거의 굴레에서 벗어나려는 노력은 강력한 사랑의 행위이다.

서로가 상대방에게 줄 수 있는 가장 큰 선물은 각자의 치유를 위한 지속적인 노력이다. 자기 자신과 상대방에게 줄 수 있는 사랑은 자기 알아차림에 의해 결정된다. 자기 알아차림이 자라면 진정성 있고 의도적으로 행동할 수 있는 능력이 커진다. 두 사람 모두 자신이 짊어지고 있는 과거를 내려놓을 수 있는 방법을 찾으면 마음이 한결 가벼워지고 서로를 더 깊이 연결할 수 있는 여유가 생긴다. 사랑은 역동적인 힘이다. 서로가 집착을 내려놓는다면 더 쉽게 함께 흘러갈 수 있다.

불편한 진실은 치유를 시도해 본 적조차 없는 많은 사람이 사랑을 위해 고군분투한다는 점이다. 치유를 진지하게 받아들이는 사람일수록 서로의 행복을 지지하는 건강한 방법을 찾아낼 가능성이 크다. 두 사람 모두 자유의 광활함을 느끼고 서로를 향한 자발적인 헌신으로 위안을 주는, 그러한 안식처를 꾸리는 일은 추구할 만한 충분한 가치가 있는 목표이다.

이별이 말해 주는 것

이별은 깊은 흔적을 남긴다. 이별이 남기는 고통은 내 안에 상처를 남기고 그것이 괴로움의 깊은 근원이 된다. 관계가 끝났다는 건 안식처가 사라졌다는 뜻이다. 두 사람을 단단하게 지탱해 줄 공간에 많은 사

●

위험을 감수할 가치가 있기에

사랑에 빠진다

실연당하거나 상처받을 수도 있지만

몇 번이고 우리는 다시 시도한다

사랑은 인생 최고의 것 중 하나

하기 쉬워서 누군가를 사랑하는 게 아니다

연결이 모든 것을 더 밝게 만들어 주기에

우리는 사랑을 한다

랑, 정서적 에너지, 노력을 기울이는 건 매우 신성한 일이다. 따라서 이별이 다가왔을 때 깊은 슬픔을 느끼는 게 당연하다. 그 슬픔은 앞으로의 관계에서 내가 원하는 것을 찾고 관계를 맺은 후에 행동하는 방식을 형성한다. 때로 그것은 같은 방식으로 상처받는 것에 대한 두려움, 자신감 부족, 무가치하다는 느낌으로 나타나 다시 마음을 여는 일을 어렵게 만들기도 한다. 실연과 이별은 자애가 실제로 얼마나 소중한지를 알려 준다. 내 안에 자애가 결여되면 인간관계에 부정적인 영향을 미치게 된다.

내 안에 이미 존재하는 사랑에 힘을 실어 주면 그 사랑이 번성해 훨씬 더 온전함을 느끼게 해 준다. 진정한 온전함은 내면에서 비롯된다. 비탄의 시기는 성찰의 시간이며, 그것이 주는 선물 중 하나는 내가 놓치고 있는 것이 무엇인지를 보여 준다는 점이다. 나에게 솔직해지면 자애를 활성화할 수 있을 뿐만 아니라 성격의 이롭고 긍정적인 면을 기름으로써 성장을 촉진할 수 있다. 어떻게 하면 좀 더 이타적이고, 좀 더 이해하고, 좀 더 잘 경청하며, 집착하거나 통제하지 않을 수 있는지 살펴보라. 이러한 자기 성찰은 앞으로 나아가는 데 큰 도움이 된다. 용기 있는 사람들은 항상 이러한 자기 성찰을 실천한다.

내면에서 가꾸어야 할 사랑의 일부는 무엇이 어디에서 잘못되었는지에 대한 냉혹한 진실을 받아들이는 것이다. 해결해야 할 숙제로 남아 있는 패턴은 무엇이며, 다음에 다른 누군가와 관계를 맺게 되면 어떻게 행동해야 할까? 또한 상대방에게서 무엇을 찾고 있는지도 다시 한번 곰곰이 생각해 볼 필요가 있다. 아름다움은 덧없는 것이기에 그보다는 나와 잘 어울리는 자질이 무엇인지를 찾고 확인해야 한다. 즉 정서적 성숙, 성장하고자 하는 의지, 친절함, 정직함으로 나를 보완해 줄 수 있는 사람을 찾는 게 관건이다.

다른 사람의 애정이나 인정이 일시적인 만족감을 가져다줄 수는 있지만, 나로부터 소외되지 않고 완전해졌다는 느낌은 결코 다른 사람의 사랑이나 인정에서 오지 않는다. 그것은 내면 깊이 자기 수용감을 단단하게 다지는 일만큼 큰 힘을 발휘하지 못한다. 외로움을 끝내는 유일한 방법은 나에게서 멀어지지 않는 것이다. 많은 사람이 느끼는 내면의 간극은 완전히 솔직해지고, 자기 자신과 자기 이야기를 받아들임으로써 평화로워질 때 줄어든다. 나와의 전쟁을 중단하면 자애가 꽃을 피운다. 시간을 들여 나를 깊이 알고 사랑하는 시간을 가지면 심오한 성취감을 느낄 수 있다. 이것이 나를 둘러싼 모든 관계를 더 깊고 충만하게 만들어 준다.

이별이 주는 선물 중 하나는 내가 상대방에게 무엇을 바라고 있었는지 깨닫게 해 준다는 점이다. 단지 관계를 맺고 있다고 해서 충만한 관계를 위한 정서적 준비가 되어 있다는 의미는 아니다. 세상에 완벽한 사람은 없지만, 스스로를 발전시키면서 정서적 성숙의 기반을 갖춘 사람에게 마음을 열면 다음에 더 깊은 관계를 맺을 가능성이 커진다. 나의 정서적 에너지는 신성하며 그렇게 대하는 게 옳은 일이다. 만약 '연결'을 찾고 있다면, 그것을 소중히 여기고 얼마든지 자기 것을 내어 줄 준비가 되어 있는 사람에게 정서적 에너지를 보내라.

자애는 인간이 맺는 모든 관계에 균형을 가져다주고, 정서적 성숙과 자기 알아차림의 토대 위에 내면의 집을 지을 때 우리는 장차 다른 사람과의 관계에서 더 성공할 수 있는 준비를 하는 것이다. 사랑은 너무나 매혹적이다. 그래서 원치 않은 결말로 고통받게 되더라도 더 깊은 사랑, 성장과 취약성을 받아들일 준비가 된 사람과의 사랑을 다시금 찾게 된다. 이처럼 민감한 부분까지 마음을 여는 일이 어렵게 느껴지더라도 직관이 다시 한번 시도해 보라고 분명히 알려 줄 때 우리는 한 걸음 더 나아가게 된다.

사람은 저마다 다르다. 혼자 있기를 좋아하는 사람이 있는가 하면 누군가와 함께이길 원하는 사람도 있다. 어떤 경우든지 건강한 관계를 맺음으로써 직접적인 이로움을 얻을 수 있는 관계가 삶에는 많이 존재한다. 사랑은 모든 사람에게 존재하지만 그것을 표현하는 방식은 각자의 조건과 선호에 따라 달라진다. 중요한 건 내면에 존재하는 사랑을 삶이라는 여정에서 등불로 사용할 수 있도록 잘 가꾸어 나가는 것이다.

사랑에도 치유가 필요하다

내면의 장애물을 그대로 방치해 두고 짊어진 상처가 곪도록 내버려 두면 항상 외부에서 인정을 받으려는 악순환에 빠진다. 또한 자기 알아차림이 부족하면 자신의 난폭함을 상대방, 특히 가까운 이들에게 계속해서 투사하게 된다. 자애는 관계의 마지막 퍼즐이다. 아름다운 관계는 시간이 지남에 따라 발전하고, 두 사람 모두 자기 내면에 치유해야 할 상처가 있음을 깨달을 때 변화에 가속도가 붙는다.

이미 깊은 관계라 하더라도 서로가 무엇을 좋아하는지 파악하고 감정 이력, 트라우마, 영감 등이 관계에 어떻게 드러나는지 알기까지는 충분한 시간이 필요하다. 두 사람 사이의 사랑이 아무 문제 없이 흘러가더라도 여전히 넘어야 할 장애물이 있을 수 있기 때문이다. 사랑은 내면의 연약함이라는 문을 열어 주고, 이를 통해 서로가 진정으

●

겉모습이 아름다운 사람은 많지만

내가 찾는 성숙함을 가진 사람

점점 더 헌신하게 만드는 사람

나를 편안하게 하는 유머를 가진 사람

품에 안기면 '이 사람이다' 생각이 드는 사람

그런 사람을 찾기란 쉽지 않다

인생은 믿을 수 없을 만큼 유별나다

로 자신을 드러낼 수 있게 해 준다. 내면의 연약함을 받아들이면 나의 패턴, 극복하기 위해 노력 중인 두려움, 무의식적으로 평생 짊어지고 살아온 깊은 상처가 더 잘 드러난다. 열린 마음에는 부드러운 보살핌이 필요하고, 서로가 연약함을 받아들이더라도 치유의 순간에 적절히 거리를 유지하는 법을 배우려면 서로에 대해 잘 알아야 한다.

치유는 개인의 내면을 조화롭게 가꾸는 일이므로 치유의 깊이와 관계의 기복을 탐색하는 능력 사이에는 직접적인 연관성이 있다. 두 사람 사이에 행복, 기쁨, 끝없는 즐거움의 완벽한 흐름은 불가능하다. 때때로 불완전함, 자아, 생존 모드의 패턴이 관계에 마찰을 일으키고 파열을 일으킬 것이다. 바깥세상 역시 탐색하고 적응해야 할 어려움을 제기할 것이다. 그러나 이러한 문제를 능숙하게 처리하면 신뢰와 이해가 쌓이고 전보다 두 사람의 관계가 가까워질 것이다.

다른 사람과의 상호작용은 나에 대해 알아 가는 가장 좋은 방법이다. 조용한 명상 수련이나 치료사와의 일대일 심층 상담도 매우 효과적이지만, 현실 세계에서 배운 기술을 실천함으로써 완전히 새로운 방식으로 자기 알아차림을 구축할 수 있다. 친밀한 관계는 서로 간에 유대감을 형성하고 상호작용을 한 차원 더 끌어 올린다. 이로써 두 사람은 함께 안전하고 자유롭고 영양이 풍부한 안식처를 짓는 모험을 떠난다.

관계의 깊은 친밀감은 개인적인 성장을 위한 훌륭한 배양소가 된다. 함께 존재함은 사랑을 실천하게 해 주고 견디기 힘든 일이 있더라도 자아가 스스로를 들여다볼 수 있게 해 준다. 물론 정서적 성숙을 끌어내고 내면의 작업을 진지하게 받아들이더라도 불완전한 인간들 사이의 친밀감은 결국 불화나 갈등으로 이어질 수 있다. 그러나 그 순

151   • 내면 치유 •

간을 서로가 자신을 더 명확하게 볼 수 있는 기회, 즉 조화가 무너진 순간을 더 현명한 설계로 재건하는 기회로 삼을 수 있다.

서로를 올바르게 사랑하는 데 방해가 되는 오래된 패턴 때문이든, 감정의 투사를 알아채지 못하게 하는 자기 알아차림의 부족 때문이든, 자신의 정신적 움직임을 인식하지 못할 때 부당한 비난과 분노가 발생하는 것은 매우 흔한 일이다. 관계에는 분명 사랑이 존재한다. 그럼에도 때때로 관계가 힘든 것은 서로의 행복을 위한 명확한 관찰과 연민 어린 지지를 방해하는 정서적 무게 때문이다. 내 마음이 소란스럽고 해결되지 않은 고통으로 가득 차 있으면 주변 사람들도 그것에 의해 영향을 받는다. 억지로 내면의 어려움을 잊으려고 노력해도 처리되지 않은 것들이 행동, 말, 생각으로 드러난다. 과거에 의해 지배당하는 사람은 현재의 누군가를 오롯이 사랑하기 어렵다.

나는 아내 사라를 웨슬리언대학교에서 처음 만났다. 당시 사라는 입학 예정인 신입생이었고 나는 2학년이자 그녀가 머물게 될 기숙사의 생활 도우미 학생이었다. 우리는 금방 친해졌고 밤이 깊도록 오랜 시간 대화를 나누는 사이가 되었다. 우리 사이에 즉각적이고 강렬한 통함이 있었음은 부인할 수 없지만 둘 다 처음에는 친구 이상의 사이가 되리라 생각지 못했다. 그런데 몇 달 뒤에 나는 그녀에게 친구 이상의 감정을 느끼게 되었다. 재미있는 건 우리가 이미 많은 시간을 함께 보내고 있었기에 주변 친구들은 우리가 전부터 사귀고 있다고 생각했다는 것이다. 그러나 실은 각자의 인생에 대해 공유하고 탐색하는 일만 계속했을 뿐이다.

많은 시간을 함께 보냈음에도 그녀에게 내 감정을 털어놓는 건 매우 긴장되는 일이었다. 그녀에게 관심을 가진 남학생이 나뿐만이 아니라는 걸 알았기 때문이다. 사라가 나를 친구 이상으로 생각해 본 적이 있는지 확신도 들지 않았다. 마침내 11월 초 어느 날 밤 용기를 내어 그녀에게 고백했다. 나는 그녀가 한 번도 남자친구를 사귄 적이 없다는 사실을 알고 있었기에 내 감정을 털어놓을 때 조금은 들뜬 상태였다. 고백을 들은 사라는 곧장 답을 들려주지 않았고 그날 밤이 돼서야 이야기를 나누자고 했다. 다시 만났을 때 처음 그녀가 꺼낸 말은 "왜 연인 사이가 되고 싶은 거야?"였다. 생각지도 못한 질문에 황당해서 "나를 좋아하긴 해?"라는 말이 튀어나오고 말았다. 다행히 그녀도 나를 좋아한다고 말했지만, 잠깐의 끌림을 우정과 바꾸고 싶어 하지 않았다.

몇 주가 채 지나지 않아서 우리는 서로에게 사랑한다고 말하게 되었다. 저절로 그 말이 입 밖으로 나왔다. 하지만 우리는 건강한 관계를 만들어 가는 방법을 전혀 알지 못했다. 우리 둘 사이에는 정서적 성숙이 없었다. 종종 말다툼을 했고, 격렬한 사랑과 어떻게 다루어야 할지 모르는 내면의 고통 때문에 서로를 비난하는 일 사이를 왔다 갔다 했다. 둘 사이에 대화가 부족한 건 아니었지만 진정한 소통이 부족했다. 서로 이기려고만 했기에 다툼이 길어졌다. 우리 둘에게는 더 마음 넓은 사람이 되고자 하는 인내심이 없었다.

그 후 수년간 우리는 소통은커녕 서로 안에서 해결되지 않은 긴장이 얼마나 잦은 충돌을 빚어내는지 알지 못했다. 자기 알아차림이 부족했기 때문에 서로를 명확하게 보는 데 어려움을 겪었다. 몇 년을 함께했음에도 항상 거리감이 느껴졌다. 이 모든 것은 주기적으로 내 마음을 힘들게 하고 건강하지 못한 습관으로 나를 밀어붙이는 슬픔과 고통을 외면하는 습관 때문이었다. 우리는 서로 다른 방식으로 통제하길 원했고 불합리하다고 느끼는 일에 대해 서로를 비난했다.

연인으로서 함께한 첫 6년간은 마치 허리케인 속을 들락날락하는 듯했다. 여러 번 헤어질 위기가 있었고, 그중 몇 번은 정말 이별 직전까지 간 적도 있었다. 그때마다 유대감이 다시 우리를 붙들어 주었다. 돌이켜 보면 그때 서로가 계속해서 노력할 수 있었던 데 큰 감사를 느낀다. 어린 나이에 만나서 오랜 시간을 함께할 수 있었던 건 정말 큰 행운이다. 하지만 관계를 유지하고 지금과 같은 단단한 삶의 토대를 만들어 갈 수 있었던 것은 무엇보다 우리 두 사람이 함께한 치유 작업 덕분이었다.

우리가 진정한 변화를 느낀 것은 명상을 시작하면서부터다. 흥미롭게도 우리는 같은 종류의 명상에 호기심을 가졌고 그 명상이 서로의 조건화에 가장 잘 맞는다고 생각했다. 곧 우리는 자기 자신과의 관계가 완전히 엉망이며 행동의 많은 부분이 전혀 진실하지 않음을 알게 되었다. 우리 행동의 대부분은 시간이 흐르면서 축적되어 온 과거의 트라우마와 강렬한 감정에 대한 반응이었다. 이러한 맹목적인 습관 패턴이 서로를 사랑하는 데 방해가 되고 있었다.

명상은 자기 알아차림을 길러 주어서 실제로는 아무 상관이 없는 일에 대해 서로를 비난할 때 이를 알아차릴 수 있게 해 주었다. 조금씩 우리는 내면의 긴장이 어떤 식으로 문제를 다른 사람 탓으로 돌리게 하는지 알게 되었다. 물론 가끔은 실제로 서로를 짜증 나게 하는 실수를 저지르기도 했지만, 그보다는 기분이 좋지 않을 때 문제를 일으키는 경우가 많았다. 시간이 흐르면서 상대방을 향하던 비난은 "지금 내 기분이 좋지 않다는 걸 알아줬으면 해"라는 말로 바뀌었고, 이는 상대방에게 지금 당장 지지와 연민이 필요하다는 신호가 되었다.

• 내면 치유 •

명상을 통해 나와 사라의 마음에는 몇 가지 필수적인 자질들이 길러졌다. 즉각적으로 반응하지 않고 감정에 휩쓸려 문제를 악화시키는 대신 잠시 멈춰서 지켜볼 수 있게 되었다. 이러한 능력은 명상이 거듭되고 시간이 지남에 따라 강화되었고, 문제가 발생했을 때 불에 기름을 붓기보다 그 불길을 유심히 관찰하게 해 주었다. 우리는 스스로를 더 잘 이해하기 시작했다. 서로가 인생에서 원하는 게 무엇인지, 무엇을 열망하는지, 과거가 현재에 어떻게 영향을 미치는지, 오래된 조건화가 어떻게 서로를 온전히 받아들이는 능력을 방해하는지 알게 되었다. 내면에 있는 두려움을 마주했고, 그것들을 묻어 두거나 거기에서 도망치기보다 마주하는 편이 훨씬 더 가치 있는 일임을 배웠다.

또 마음속에 자유를 키우고 싶다면 정직의 길을 택해야 한다는 것도 배웠다. 마음속의 가혹함이 실제 삶에서 서로를 온화하게 대하지 못하도록 가로막고 있음을 보았다. 그러자 마음속에서 일어나는 일과 우리가 서로를 대하는 방식 사이의 연관성이 놀라울 만큼 명확해졌다. 이것이 우리에게 희망을 주었다. 마음에 여유가 생기면 인내심, 사랑, 이타심이 우리 사이에 더 쉽게 흐를 것이기 때문이다.

우리 두 사람이 명상을 시작한 첫 2년간은 자기 발견과 강한 결심의 시기였다. 긴장이 풀리면서 마음에서 일어나는 치유가 훌륭한 결과를 가져온다는 사실을 알게 되었지만, 더불어 이 과정의 온전한 이로움을 누리려면 계속해서 명상 수련에 전념해야 한다는 것도 알게 되었다. 처음에는 수련회에 참가해서 명상을 했지만 차츰 집에서 매일 명상을 하는 게 큰 도움이 되리란 걸 깨달았다. 매일 명상을 하기에는 너무 바쁘다는 생각과 게으름을 떨쳐 내기까지 정말이지 엄청난 노력이 필요했다. 마음 건강에 시간과 노력을 투자하면 그만큼 삶이 조화로워지므로 그렇게 하는 것이 합리적이라는 명백한 논리가 있음에도 불구하고 명상을 위해 자리에 앉기란 쉽지 않았다. 그러나 마침내 우리는 분주한 걸음을 멈추고 기필코 이 방향으로 나아가리라 결심했다. 그 무엇도 우리를 막을 수 없었다.

세상의 모든 부부에게는 그들만의 이야기가 있고, 일상적인 관계에서 벌어지는 문제를 해결하는 저만의 방법이 있다. 최근에 나는 웨슬리언대학교에서 처음 만난 두 친구와 재회했다. 두 사람은 나와 사라만큼이나 오래 만난 사이였다. 하루는 저녁 식사를 함께하면서 일상적인 대화를 주고받다가 조금 특별한 질문을 던졌다. 나는 그들에게 두 사람이 행복하게 지내는 데 특별한 비결이나 지혜가 있는지 물었다. "광범위한 질문이기도 하고 각자 따로 물어보는 게 나을지도 모르지만, 요즘 두 분 사이는 어떤가요?" 두 사람은 서로를 향해 미소를 짓고는 솔직한 이야기를 들려주었다.

그들은 각자 다른 도시에서 떨어져 살다가 최근에야 함께 살게 되었다고 한다. 팬데믹이 둘의 관계가 깊어지는 계기가 되었다. 처음에는 쉽지 않았다. 그동안 짧은 방문 외에는 서로를 오래 대면한 경험이 많지 않기 때문이다. 짧게 만날 때는 주로 재미있고 가벼운 교감에만 집중했다. 그 시절에는 둘 중 한 사람이 기분이 좋지 않으면 그것이 마냥 불편하고 기분 나쁘게 느껴졌다. 가뜩이나 함께 있는 시간이 적은데 그 시간만이라도 즐겁게 보내고 싶은 마음이 컸던 것이다. 그러다 함께 살게 된 후로 두 사람은 그동안 서로가 해결해야 할 큰 문제를 회피하고 있었음을 깨닫게 되었다.

다행히 그들은 문제가 저절로 해결되기를 기다리지 않고 관계 전문 치료사를 찾아갔다. 두 사람은 자신들에게 적합한 치료사를 만나기까지 얼마나 고생했는지를 들려주면서 웃어 보였다. 마침내 두 사람은 편안하게 함께 일할 수 있는 치료사를 찾았고, 치료사는 그들이 오래된 패턴에서 벗어나 서로를 사랑하는 데 방해가 되는 문제를 해결하도록 도와주었다.

그들은 나에게 큰 여운을 남긴 한 가지 패턴에 대해 말해 주었는데, 무의식적으로 서로에 대한 첫인상을 붙들고 있었다는 얘기였다. 두 사람은 대학 시절의 풋풋한 모습으로 서로를 기억했다. 이것이 나이 들고 여러 면에서 변하고 성장한 두 사람의 관계에 방해가 되었다. 그들은 지금 눈앞에 서 있는 '이 사람'을 의식적으로 사랑해야 한다는 걸 배웠다. 서로에 대한 오래된 이미지에는 처음 만난 후 긴 세월에 걸쳐 쌓아 온 수많은 교훈과 지혜, 개인적인 치유가 담겨 있지 않았다. 이러한 깨달음을 얻은 뒤로 그들은 새로운 사람이 되었고 더 깊고 성숙한 방법으로 서로를 사랑하게 되었다. 과거의 모습 대신 지금 눈앞에 서 있는 '이 사람'과 연결되기 시작한 것이다.

두 사람 사이를 이어 주는 연결의 힘이 분명해 보였고, 성장을 향한 헌신이 둘의 관계에 많은 것을 가져다주었다는 사실에 나 역시 무척 행복했다. 그들은 서로의 존재에 대해 신선함과 편안함을 느꼈다. 이제 과거보다 사랑이 넘치고 새로운 수준의 화합에 도달했음에도 불구하고 더 좋은 관계를 위해 그들은 치료사를 몇 번 더 만날 수도 있다고 말했다. 치료사와 함께한 시간이 두 사람에게 매우 뜻깊은 경험이었고, 그로부터 관계를 심화하고 개선할 수 있는 통찰력을 얻을 수 있으리라 믿고 있었다.

가까운 사이일수록 갈등이 생긴다

모든 커플은 놀라울 정도로 서로 다르며 관계가 전개되는 방식 역시 제각각이다. 하지만 관계가 복잡하고 상황에 따라 달라지더라도 현재에 맞는 시스템을 구축하는 일은 얼마든지 가능하다. 명상이나 관계 치료사 혹은 또 다른 방법을 활용할 수 있다. 중요한 것은 두 사람에게 적합한 도구를 찾아서 조화와 자기 알아차림을 키워 나가는 일이 노력할 만한 가치가 있다는 점이다.

조화로운 관계를 만드는 핵심 요소는 두 사람이 우울한 순간을 처리하는 데 도움이 되는 의사소통의 틀을 설정하는 것이다. 둘 중 한 사람이 우울하면 어떻게 해야 하는지, 갈등이 생길 때면 어떻게 대처해야 하는지 생각해 보아야 한다. 둘 중 한 사람이 기분이 좋지 않을 때는 이를 상대방에게 명확하게 전달해야 한다. 상대방에게 자신이 지금 감정의 스펙트럼 어디쯤에 있는지를 알려 주면 그 순간을 평화롭고 성공적으로 처리하는 데 필요한 지식을 얻을 수 있다.

더불어 기분이 좋지 않을 때 감정에 이름을 붙이면 미연에 혼란을 방지하고 감정을 솔직하게 드러내는 데 도움이 된다. 실제보다 행복한 척 행동할 필요가 없다는 말이다. 자기 알아차림을 통해 힘든 현실을 받아들이면 어려움을 이겨 내는 과정에서 자신을 부드럽게 대할 수 있다. 내면에서 나를 있는 그대로 받아들이면 일시적인 힘든 감정이 논점을 흐리거나 갈등을 유발하는 일을 예방할 수 있다.

기분이 우울하다고 대놓고 인정하기가 어려울 수 있다. 자신의 결점과 취약성을 드러내는 일처럼 느껴지기 때문이다. 그러나 이러한 행동은 정신적 악순환을 깨는 데 도움이 된다. 힘든 감정은 그것을 촉발한 '과거의 어떤 것'과 같은 명확한 원인을 가지기도 하지만 때로는 감정 변화를 파악하기 어려운 경우도 있다. 예를 들어 아침에 잠에서 깰 때, 침대에서 벌떡 일어나 최선을 다해 하루를 시작할 준비를 할 때가 있는가 하면 어떤 날은 슬픔이나 정신적인 무거움을 느끼면서 일어나기도 한다. 원인을 알든 모르든, 내면의 현실을 받아들이고 상황이 나빠지지 않도록 어떻게 반응을 관리할지는 온전히 각자의 몫이다. 나의 힘은 내가 직면한 정신적 상황에 어떻게 대응하느냐에 달려 있다.

사라와 나는 감정적으로 힘든 순간에 서로를 지원할 수 있는 시스템을 만들었다. 우리는 감정이 격해질 때면 "화가 나", "불안해"라는 말 대신에 "화가 일어나고 있어", "불안이 커지고 있어"라고 말함으로써 서로에게 기분을 알린다. 이런 식으로 말하면 우리의 정체성이 일시적인 감정과 분리되어 있음을 재확인할 수 있다. 그다음 단계는 먼저 마음의 균형을 찾은 사람이 상대방이 감정을 잘 다루도록 도와주는 것이다. 우리 중 한 사람이 우울할 때면, 그렇지 않은 사람이 저녁 식사를 준비하거나 청소를 하거나 그날 처리하기에 벅차다고 느껴질 수 있는 집안일을 하면서 상대방의 짐을 덜어 준다.

감정의 폭풍은 일시적이지만 그것이 지나가는 과정에서 당사자를 매우 불안하게 만들 수도 있기에 우리는 발 벗고 나서서 서로를 도와주려 노력한다. 우리는 방향이 잘못된 비난을 받거나 긴장을 느끼기보다 도움을 요청하는 편이 낫다는 사실을 알고 있다. 내면에서 일어나는 일을 직면할 때 상대방에게 공간을 마련해 달라고 요청하면 감정의 폭풍우를 순조롭게 넘기고 힘든 순간에 발생하는 마찰을 최소화할 수 있다.

가까운 사이일수록 갈등이 생기기 마련이다. 그러나 정서적으로 성숙한 사람은 갈등을 기회로 삼아 서로에 대한 이해를 넓히고 더 깊은 화합을 이루려고 노력한다. 세상에는 완벽한 사람도 완벽한 관계도 없다. 인간은 정직함보다 갈망에 의해 더 큰 동기를 부여받는 자아를 가지고 있어서 사람 사이에 갈등은 자연스러운 현상이다. 갈등이 생긴다고 해서 근본적으로 무언가가 잘못되었다는 신호는 아니며 반드시 나쁜 것만도 아니다. 갈등을 현명하게 다루면 서로를 더 깊이 이해하고 진실을 존중하는 동시에 유연성을 유지하는 데 도움이 된다. 갈등을 절대로 일어나서는 안 되는 일로 여겨서는 안 된다. 삶에서 갈등은 필연적이기에 그것을 슬기롭게 헤쳐 나가는 법을 배우는 것이 좋다.

두 사람 사이에 갈등이 생길 때 명심해야 할 점은 문제의 해결이 곧 상대방에게 이김을 뜻하지 않는다는 것이다. 서로가 계속해서 논쟁에서 이기려고 하면 결국에는 모두 지게 될 것이다. 자아는 승리를 갈망하지만 사랑이 있는 명료함은 이해하려고 노력한다. 자아를 알아차리면 그것이 힘을 잃고 대신 연민에 의해 행동하게 된다. 이기려는 마음을 내려놓으면 서로를 이해하기 위해 최선을 다하는 일만 남는다.

서로를 명확히 보기 위해서는 관점을 공유해야 한다. 한 사람이 자신의 관점을 공유할 때 다른 사람은 자신을 내려놓고 최선을 다해 경청해야 한다. 만약 감정이 그 상황에 압도되어 있다면 이는 매우 어려운 일일 수 있다. 하지만 상대방의 관점이 타당하고 그것이 실제로는 나의 관점에 반하는 것이 아님을 깨닫는다면, 상황을 진정시키고 상대방의 관점에 진지하게 귀 기울이면서 그 사람의 입장이 되어 볼 수 있다. 이 방법은 두 사람이 마음을 열고 차분하게 서로의 말을 경청할 때만 효과가 있다.

이타적인 경청에는 어느 정도의 정서적 성숙, 즉 진실을 느끼되 그것에 완전히 지배되지 않으면서 즉각적인 감정보다 무슨 일이 일어나고 있는지를 파악할 수 있는 능력이 필요하다. 관점을 공유할 때는 비난하거나 방어하려는 태도를 버리고 자신의 관점에서 상황을 설명하는 것이 좋다. 어떤 일로 인해 어떤 감정이 들었는지, 어떻게 일이 진행되기를 바랐는지 설명하는 데 집중해야 한다. 잘못한 점이 있다면 솔직하게 인정하고 그에 대한 책임을 져야 한다. 그런다고 해서 힘을 잃는 건 아니며 오히려 이는 논쟁을 해소하는 강력한 도구이다. 만약 두 사람 모두 잘못한 상황이라면 각자 자신의 잘못을 인정하고 사과하는 겸손함을 갖는 것이 최선이다.

조화로운 관계를 위한 5가지 요소

각자가 필요한 것이 다르기 때문에 누군가를 지지한다는 건 때로 모호한 말처럼 들린다. 필요한 건 매일 매년 바뀐다. 그러나 건강한 관계를 지원을 하는 데 도움이 되는 몇 가지 필수 요소가 있다.

다른 사람이 나를 행복하게 해 줄 수 없음을 인정하라. 이것은 가장 받아들이기 힘든 사실 중 하나이다. 오랫동안 사회는 올바른 관계를 맺으면 행복을 얻게 되리라 기대하게 만들었다. 우리는 삶에서 부족한 모든 부분, 우리가 바라는 갈망과 요구를 상대방이 채워 줄 수 있으며 무한한 기쁨까지 가져다줄 수 있다고 배웠다. 그러나 이는 쾌락에 대한 강한 집착을 기반으로 한 해로운 기대일 뿐이다. 나의 행복은 내가

• 내면 치유 •

책임질 수밖에 없다. 행복은 내면에서부터 키워야 한다. 나의 정신 상태가 외부 환경에 색감과 생동감을 부여한다. 평온한 삶과 훌륭한 배우자가 있더라도 내부 환경을 제대로 평가하지 않으면 여전히 불행할 수 있다.

다른 사람이 나의 감정 문제를 해결할 수 없음을 이해하라. 비슷한 맥락에서 우리는 상대방이 내가 겪는 내면의 혼란에 대한 해답이 되어주길 기대한다. 그들이 주는 사랑이 마음에 지속적인 평화를 가져다주고 매일 나에게 영향을 미치는 힘든 과거를 지워 주기에 충분하리라 생각한다. 그러나 책임을 회피하고, 자신의 이야기를 이해하려 노력하지 않고, 자기 반응을 관리하지 않으면 관계에 갈등이 생길 수 있다. 나의 정서적 안정은 내 어깨에 달려 있음을 이해하지 못하면, 내면의 긴장이 상대방과 관련이 없을 때조차 상대방을 탓하게 하는 악순환에 빠지기 쉽다.

건전한 지원은 상호적임을 인식하라. 두 사람 모두 상대방이 필요로할 때 최선을 다해 그 사람 곁에 있어 주어야 한다. 조화로운 관계를 만들기 위해서는 두 사람의 적극적인 지원이 필요하다. 한 사람만 지속적으로 베푸는 상태에 있고 다른 사람은 자기 몫을 다하지 않은 채받기만 하면 그 관계는 금세 지치게 된다. 파트너십은 성장과 회복의 공간이어야 한다. 관계를 맺는 두 사람은 나에게 필요한 게 무엇인지그리고 오래 지속되는 사랑을 만들기 위해 무엇이 필요한지 배워야할 게 많으며, 그래서 무엇보다 의사소통이 중요하다. 서로에게 어떤지지가 필요한지 알려 주면 이를 위해 노력할 수 있다. 비록 그것이익숙지 않은 일이라 하더라도 말이다. 당연히 매번 완벽하게 해낼 수는 없겠지만 눈에 보이는 노력은 상당한 차이를 만들어 낸다.

강요하거나 조종하려는 태도를 버려라. 두 사람 사이에 진정한 단합이 이루어지려면 자발적으로 서로의 행복을 지원해야 한다. 서로의 정서적 능력은 매우 다르며, 사랑을 표현하고 선호하는 방식과 각자 가진 강점 역시 다르다. 따라서 어떠한 구체적인 형태의 지원을 요구하는 일은 역효과를 가져올 수 있다. 상대방이 내가 원하는 방식으로 행동해야 한다는 걸 옳지 않다고 느낄 수 있기 때문이다. 상대방에게 지원을 요청할 수는 있지만 원하는 것을 얻기 위해 서로를 몰아붙이거나 강요해서는 안 된다. 그것은 진정한 사랑이 아니며 잠재적으로 해로울 수 있다. 가능한 일은 각자 어떻게 지원받고 싶은지 인내심을 가지고 공유하고, 그것이 서로에게 가능한 방식인지 스스로 점검하는 것이다. 핵심은 상대방이 원하는 방식과 내 감정 범위 내에서 가능하다고 느끼는 방식 사이의 일치점을 찾는 것이다. 만약 상대방이 내가 할 수 없는 일을 요구한다면 할 수 없다고 말함으로써 스스로를 존중해야 한다.

유연성을 가져라. 성장하고 싶은 마음이 있든 없든 인간은 모두 끊임없이 변화하는 존재이다. 과거에 효과적이었던 방법이 어떤 상황에서는 도움이 되지 않을 수 있다. 서로 활발하게 소통하고 각자에게 도움이 되는 지원이 무엇인지 확인한다면 그것만으로도 성공의 발판을 마련한 셈이다. 혼자만의 추측은 재앙의 씨앗이다. 상대방이 내 마음을 읽을 수 있을 거라 기대하지 말자. 그보다 사랑하는 사람이 나를 지원할 수 있도록 내가 지금 어디에 있고 무엇을 필요로 하는지 확실하게 알려 주는 게 낫다. 시간의 흐름에 따라 서로가 선호하는 방식이 달라질 수 있음을 받아들이면 필요할 때마다 적절한 방식으로 유연하게 전환할 수 있다.

사라와 나는 항상 관계를 위해 노력하고 있지만, 개인으로서 의도적인 성장을 시작한 이래 공통으로 깨닫고 명심하고 있는 한 가지가 있다. 바로 서로에게 완벽을 요구하지 말아야 한다는 것이다. 완벽을 요구하는 순간 관계는 무너지게 되어 있다. 이러한 이해를 바탕으로 평정심을 유지하면서 관계가 공유(삶, 기쁨, 어려움, 극복 등)의 실천임을 깨닫는다면 관계의 성장과 진화를 위한 적절한 이타심을 기를 수 있다. 인간은 개별 존재이지만 분리된 존재는 아니다. 나를 열어 상대방과 사랑으로 하나가 될 수 있다. 유대는 본질적으로 나와 상대방 그리고 관계라는 세 가지 중요한 요소로 이루어져 있다. 이 세 가지 요소는 영양을 공급하고 정성껏 가꾸어 나갈 때 비로소 조화를 이룬다.

　최소한 각자 원하는 것의 절반은 얻어야 한다. 그러나 그 절반이 고정된 상태로 유지되어서는 안 된다. 그것은 시간이 지남에 따라 변해야 하며 나에게 진짜 중요한 것들을 반영해야 한다. 여기에는 상대방이 나의 행복을 어떤 식으로 지지해 주기를 원하는지, 상대방과 얼마나 시간을 보내고 싶은지, 두 사람 모두에게 영향을 미치는 다른 주요한 결정 등이 포함된다. 명확한 의사소통을 바탕으로 안식처를 위한 정서적 설계를 할 때는 핵심적인 부분뿐만 아니라 무엇을 먹을 것인지, 어떤 프로그램을 볼 것인지와 같은 사소하고 일상적인 일까지 세부적으로 정할 수 있다.

　어쩌면 이런 의문이 들지 모른다. 내가 원하는 것의 절반만 얻는다면 정말 행복할 수 있을까? 그것이 현실적인가? 인간은 개별적이고 주체적인 존재이기에 통제권을 공유하는 일 외에 다른 공정한 선택지는 없다. 만약 한 사람이 관계의 모든 것을 결정한다면 이는 곧 건강하지 않거나 해로운 패턴으로 변할 것이다.

• 내면 치유 •

물론 의사 결정에서 어느 한쪽이 더 강점을 가질 수 있다. 예를 들어 사라는 매일 해야 하는 일을 정하는 것과 같은 일상적인 결정을 잘 내리는 반면, 나는 언제 큰 결정을 내려야 할지 파악하거나 미래를 계획하는 일 등 장기적인 결정에 더 탁월하다. 나는 위험을 감수하는 경향이 있고 사라는 위험을 회피하는 경향이 있다. 그렇더라도 서로에 대해 이해하면 중요한 결정을 내릴 때 서로가 편안하게 느끼는 중간 지점을 찾는 데 도움이 된다. 사라와 나는 모든 결정을 내릴 때 서로의 의견을 수렴하고 철저하게 토론한다. 이렇듯 관계는 의식적으로 통제권을 공유하려고 노력할 때 제대로 작동한다. 한 사람이 항상 자신이 원하는 것을 얻으려고 고집하는 상황에서는 결코 관계가 건강할 수 없다. 기껏해야 우리는 관계의 절반을 통제할 수 있을 뿐 전부를 통제할 수는 없다.

원하는 것의 절반밖에 얻지 못한다고 해서 나머지 절반을 잃는 것은 아니다. 상대방이 원하는 것을 얻었을 때 느끼는 행복감에 공감하는 즐거움을 누리면서 나머지 절반을 얻을 수 있다. 만약 진정으로 사랑하는 사람이라면 상대방의 힘을 존중하고 그 사람이 행복할 수 있도록 응원하고 싶을 것이다. 그러면 나와 상대방의 관심사가 일치하는 경우가 많아져서 자신이 원하는 것의 절반 이상을 얻게 될 가능성이 커진다. 진정으로 상대방을 사랑한다면 그 사람이 원하는 것을 얻었을 때 느끼는 기쁨을 자신도 느낄 것이기 때문이다.

의사소통은 관계의 뿌리다

두 사람 사이에 의사소통이 어긋나는 경우는 아주 흔하다. 인간은 보

• 내면 치유 •

통 말할 때마다 자기 감정을 언어로 해석하고, 듣는 이 역시 그 말을 자신의 현재 감정과 과거의 감정 이력에 따라 해석하기 때문이다. 사람은 누구나 인식의 필터를 거쳐 의사소통을 하므로, 방금 들은 말을 제대로 이해하기 위해서는 상대방에게 "그게 무슨 뜻이야?", "더 자세히 말해 줄 수 있어?"라고 질문을 던질 줄 아는 차분함과 정서적 성숙이 필요하다. 인내심 없는 의사소통은 갈등으로 이어진다. 반대로 인내심을 가지고 소통하면 관계가 더욱 깊어진다.

관계에서 의사소통의 힘은 아무리 강조해도 지나치지 않다. 소통은 관계의 근간이자 어려운 순간에 구세주 역할을 한다. 의사소통이란 각자의 진실, 필요에 따라 발생한 변화를 서로에게 알려 주는 행위이다. 특히 관계 초기에는 자주 의사소통을 해야 한다. 다소 과한 의사소통으로 문제가 생기더라도 부족한 것보다는 차라리 그 편이 더 낫다. 마음을 열고 함께 시간을 보내다 보면 상대방이 선호하는 게 무엇인지 더 많이 알게 된다. 수십 년을 동고동락해도 완전히 알 수 없는 게 사람 마음이다. 사람은 누구나 변화하는 존재이기 때문이다. 그러니 항상 새로운 의견, 생각, 이야기를 공유해야 한다. 이타적인 마음가짐으로 상대방의 말을 경청하면, 잠시 나를 내려놓고 상대방의 입장이 되어 볼 수 있으면, 서로가 경험하는 방식을 훨씬 더 깊이 이해할 수 있다.

나를 내려놓고 상대방의 말에 귀 기울이는 연습을 하면 지금 내 안에서 일어나고 있는 이야기를 누군가가 들어주고 있다는 느낌이 든다. 연민 어린 정직함과 이타적인 경청을 바탕으로 한 건강한 의사소통은 서로를 향한 깊은 존중을 만들어 낸다. 과거에 각자가 겪은 일로 인해 관점이 흐려질 수 있지만, 그러한 흐릿한 관점이라도 서로의 기분에 영향을 미칠 수 있음을 인정하는 것만으로도 가치가 있다. 사람은 누구나 자신을 알아봐 주길 바란다. 만약 내가 상대방에게 그러한 선물을 나눠 준다면 엄청난 신뢰와 화합을 이룰 것이다.

의사소통은 솔직함 없이는 불가능하다. 그저 상대방의 비위를 맞추거나 갈등을 피하기 위해 습관적으로 하는 선의의 거짓말은 아무리 작은 거짓말이라도 거리감을 만들 수 있다. 깊은 사랑과 결합을 이루려면 나와 주변 사람에게 솔직해져야 한다. 누군가와 진정으로 함께하고 싶다면 도망치거나 거짓말을 해서는 안 된다. 진실이야말로 사랑의 동의어이기 때문이다. 살다 보면 실수를 할 수 있고 두 사람 다 항상 옳은 결정을 내릴 수는 없다. 하지만 성숙한 관계란 완벽함을 추구하는 것이 아니라 서로가 성장하고 있음을 받아들이는 일이기에 무엇보다 의사소통이 중요하다. 두 사람을 하나로 이어 주는 건 사랑만이 아니라 더 나은 관계를 위한 노력과 헌신이다.

●

진정으로 큰 변화는

상대방의 말을 멋대로 추측하기보다

단지 설명을 요청하는 데서 시작된다

그렇게 하면 논쟁을 유발하는 오해가

마음에 스며들거나

감정이 상하는 일을 예방할 수 있다

●

성숙이란

가까운 이가 나를 폭풍 속으로 끌어당길 때도

나의 에너지를 원하는 방식으로 유지하는 것

상대방의 말을 귀담아듣고

도움을 주면서

동시에 그 사람이 가진 긴장을

그의 것으로 내버려둔 채

나의 평화를 잃지 않는 것

오래 지속되는 우정의 가치

웃음이 넘친다.

솔직함이 권장된다.

실제적이고 적극적인 지원이 이루어진다.

취약함이 환영받는다.

경계를 내려놓을 수 있다.

서로가 성장하도록 격려한다.

서로에게 좋은 조언을 해 준다.

서로가 굳건해진다고 느낀다.

서로를 도와 어려움을 이겨 낸다.

이것들은 깊은 우정의 신호이다. 우리는 살면서 많은 친구를 사귄다. 어떤 우정은 잠시 스쳐 지나가고, 어떤 우정은 몇 년 동안 이어지며, 그중 일부는 수십 년 혹은 평생 지속된다. 다른 사람과 달리 두고두고 마음에 남는 친구는 진정으로 나의 이야기를 나눌 수 있고, 내가 힘들 때 묵묵히 곁을 지켜 준 이들이다. 누군가와 연결되고 싶다는 직관은 종종 삶의 일부를 함께 나눌 만한 훌륭한 사람들과의 연결로 이어진다. 가식적이지 않을 때 그러한 진정한 연결이 가능하다. 진정한 친구는 자연스럽게 경계심을 풀게 하는 본성을 가지고 있어서 내가 진짜 모습을 드러내고 앞으로 나아갈 수 있게 만든다.

친구 중에는 내가 힘든 진실을 받아들이게끔 해 주는 친구가 있고 그렇지 않은 친구도 있다. 진정한 친구는 맹목적으로 응원하지 않는다. 가까운 사람 중에 내가 잘못된 방향으로 가고 있을 때 두려워하지 않고 그 사실을 알려 주는 사람이 있다면 이는 큰 선물이다. 그들은 자신의 두려움을 투사하거나 나를 통제하려 하지 않고 진정으로 나의 행복을 걱정해 주는 사람들이다. 그들은 나를 깊이 알고 있어서 나에게 솔직해야 한다고 믿으며, 내가 흔들릴 때 올바른 길로 돌아갈 수 있도록 다시금 불을 지펴 준다. 무엇보다 오래 남는 친구는 내가 성장하는 모습에 감사하고, 치유의 가치를 알아보고, 변화를 지지하는 사람들이다. 그들은 나의 가식적인 행동이 아니라 있는 그대로의 나를 사랑한다.

나는 초등학교 4학년 때 친구 레논을 만났다. 그날부터 우리의 유대감은 삶의 수많은 시련 속에서도 지금껏 이어져 왔다. 같은 중학교와 고등학교를 졸업하면서 그 시기에 우리는 특별히 더 친해졌다. 함께 보거나 이야기 나누고 싶은 책과 영화에 대해 토론하고, 다른 사람들과 어울릴 때도 한 세트처럼 붙어 다니며 농담을 주고받거나 서로를 다른 모임에 소개하곤 했다. 우리는 항상 도전적이었고 새로운 사람과 만나길 좋아했다. 내가 다른 지역의 대학에 다니느라 멀리 떠나 왔을 때도 우리 사이는 견고했다. 방학 때마다 레논을 만났고, 여름방학 내내 그의 집에서 시간을 보내기도 했다. 꽤 오랜 시간 레논의 어머니 집에서 시간을 보냈기에 마치 그곳이 두 번째 집처럼 느껴지기까지 했다.

초창기 대학 생활은 모든 것이 낯설고 힘들었다. 나는 가족 중에서 처음으로 대학에 입학한 사람이었기에 학교 지원부터 학비 신청, 고등학교 내신 성적 관리 등 모든 일을 혼자서 해결해야 했다. 뿐만 아니라 진로 상담사마저 말렸을 만큼 번화한 도시에서 웨슬리언대학교가 있는 작은 도시로 옮겨 가는 일은 쉽지 않은 결정이었다. 당시

• 내면 치유 •

고향에 가족과 레논 같은 소중한 친구가 있다는 사실이 나에게 큰 안도감을 가져다주었다.

대학을 졸업하고 집으로 돌아온 후 나는 다시 방황의 시기를 맞았다. 매사에 부정적이고 짜증을 부리기 일쑤였다. 그럼에도 레논은 항상 내 곁에 있어 주었다. 그 역시 더 나은 인생을 위해 부단히 노력하던 힘든 시기였음에도 말이다. 우리는 서로를 응원하면서 차근차근 문제를 해결해 나갔다. 물론 우리의 우정 역시 완벽한 것은 아니어서 때로는 다투고 서로에게 상처 주는 실수를 저지르기도 했다. 하지만 늘 서로에게 마음을 터놓고 이야기했기에 형제처럼 가깝게 지낼 수 있었다. 나는 우정을 놓치고 싶지 않았다. 사소한 일이나 부주의한 실수로 잃어 버리기에는 그것이 너무나도 소중했다. 어떤 상황이라도, 힘든 시기를 지날 때조차 우리는 변함없이 서로의 곁에 있음을 알고 있었다.

얼마 전 레논의 어머니 앤이 세상을 떠났다. 그녀의 죽음은 많은 생각거리를 던져 주었다. 그녀가 없으니 삶에서 중요한 무언가가 사라져 버린 듯했다. 앤은 어릴 때부터 나를 어른처럼 대해 주었기에 그녀와의 대화는 언제나 즐거웠다. 그녀는 항상 우리가 잘 지내는지 지켜보았지만 결코 위압적인 태도는 아니었다. 그런 앤이 세상을 떠나자 마치 인생의 모든 책임이 온전히 우리에게 넘겨진 것 같은 기분이 들었다.

나도 이렇게나 상실감이 큰데 레논은 어떨까. 나로서는 상상할 수조차 없다. 레논이 느꼈을 상실감에 대한 연민으로 인해 너무도 마음이 아팠고, 그와 나 사이가 얼마나 각별했는지 새삼 알게 되었다. 앤의 추모식이 있던 날, 우리는 그녀의 삶을 공유하면서 그녀가 우리

• 내면 치유 •

에게 미친 영향에 관해 이야기 나누었다. 레논은 추모식의 일부를 나와 내 어머니 사이에 앉아서 보냈다. 이러한 유대감은 말로 표현할 수 없는 것이다. 지금 레논과 나는 같은 도시에 살고 있지 않지만 여전히 자주 연락을 주고받는다.

레논과 나 사이에서 특히 좋았던 점은 서로에 대한 기대치를 정말 낮게 설정했다는 것이다. 의아하게 들릴지도 모르지만 이러한 유연함이 우정에 기복이 있을 때마다 도움이 되었다. 어떤 시기에 우리는 자주 만나지 못했고 어떤 때는 하루 종일 붙어 지내기도 했다. 삶은 흘러가고 상황은 계속해서 변했지만 서로를 위해 문을 열어 두는 일만큼은 변하지 않았다.

또 한 가지 좋았던 점은 둘 다 힘든 순간에 관해 이야기하기를 두려워하지 않았고, 대화가 끝나면 훌훌 털어 버리고 넘어갔다는 것이다. 삶에서 힘든 일이 생기거나 다른 사람과 함께 의논해야 할 일이 있을 때마다 우리는 서로에게 힘이 되어 주었다. 우리는 삶의 다양한 부분을 공유했다. 함께 어울리는 친구 모임이 겹치지 않았음에도 서로를 배척한다는 느낌이 전혀 없었고, 오히려 기회가 될 때마다 서로에게 새로운 친구를 소개해 주었다. 모든 것을 열어 두었기에 이야기 나누기가 무척 쉬웠다. 오랜만에 만나더라도 함께했던 오랜 시간이 단번에 그 어색함을 없애 주었다.

확실히 우정에도 헌신이 있지만 이는 이성에 대한 헌신과는 다르다. 때로는 친구에게 의지하고 기대고 싶을 때가 있겠지만, 그들 역시 자기만의 삶이 있고 자기만의 방식으로 힘든 시기를 견뎌 내야 한다. 삶의 어느 특정한 시기에 만난 사람이 평생 한결같을 수는 없다. 내가 삶을 개선하기 위해 노력하듯이 다른 사람도 마찬가지다. 따라서 서로의 성장을 지지하는 친구라면 일시적이거나 표면적인 수준보다 서로를 더 깊이 연결해 주는 무언가를 찾아야 한다. 가치관, 세계관, 함께하는 시간, 서로의 곁에 머물고픈 직관적인 끌림 등이 오래 지속되는 우정의 토대가 될 수 있다. 웃음은 사람들을 하나로 모을 수 있지만 진지한 순간에 나누는 대화야말로 우정을 진정한 안식처처럼 느끼게 한다.

다소 이율배반적인 말처럼 들릴 수 있지만 인생에서 중요한 우정이 반드시 영원할 필요는 없다. 때로는 어떤 목적을 위해 누군가와 많은 시간을 함께 보내기도 하지만, 두 사람이 성장하는 과정에서 삶은 서로 다른 방향으로 흘러간다. 또 다른 관심사가 생겨나서 새로운 모험의 길로 접어들기도 한다. 그러나 함께하는 시간이 끝났다고 해서 사랑마저 사라지는 건 아니다. 누구나 그렇듯이 나이가 들수록 다른 사람에게 베풀 수 있는 시간이 점점 줄어든다. 삶의 우선순위가 명확해지고 가끔은 희생을 감수해야 할 때도 있다. 활발하게 우정을 유지하려면 에너지와 시간이 필요한 법인데, 아무리 사랑하는 사이라고 하더라도 모든 시간을 함께 보낼 수는 없기 때문이다. 우리는 인간이고, 나와 다른 사람을 위해 쓸 수 있는 시간은 유한하다.

성찰하기

- 이전 관계에서 어떤 점을 다시는 반복하지 않으리라 다짐하는가?

• 내면 치유 •

- 나를 내려놓고 상대방의 말에 경청하는 연습이 잘되어 가고 있는가? 어떻게 대답할지 생각하지 않으면서 상대방의 말 한마디 한마디에 집중할 수 있는가?

- 개인적인 치유가 관계에 어떤 영향을 미쳤는가? 어려움을 가져다주었는가 아니면 더 깊은 연결을 위한 문을 열어 주었는가?

- 나의 행복을 위해 파트너가 할 수 있는 일은 무엇인가?

- 파트너의 행복을 위해 내가 할 수 있는 일은 무엇인가?

- 말다툼이 벌어졌을 때 어떤 해결 방식이 효과적이었는가? 두 사람 다 이기려고 애쓰지 않고 상대방을 진정으로 이해하기 위해 노력했는가?

- 나와 파트너 혹은 나와 친한 친구 사이의 의사소통 수준은 어느 정도인가?

- 나와 파트너는 각자 행복의 주도권을 가졌는가?

- 상대방이 항상 완벽하기를 바라거나 매번 관계가 즐겁기를 바라는 등 불합리한 기대를 내려놓는 데 성공했는가?

• 내면 치유 •

8장

•

빛을 누리려면 폭풍을 마주해야 한다

•

치유는 용기 있고 내면을 마주할 준비가 된 사람을 위한 것이다. 내면에는 개인의 감정 이력에 얽힌 많은 것이 들어 있어서 때때로 압도적으로 느껴질 수 있다. 그러나 일단 한번 내면의 발견을 위해 감정적 참호에 깊이 들어가면 치유의 여정이 처음과는 확연히 다르게 느껴질 것이다. 치유는 선적(線的)이지 않다는 일반적인 이해는 전적으로 옳다. 치유의 가장 깊은 부분은 파도처럼 밀려왔다 다시 밀려가고, 그사이에 새로운 나와 연결될 수 있는 통합의 기간이 있다. 이 과정에서 겪는 어려움은 저마다의 조건화에 따라 다르며, 이는 각자가 행복을 추구하기 위해 선택한 방법과도 관련이 있다. 내려놓기가 쉬웠다면 아무도 상처받지 않았을 것이다. 내려놓음에는 많은 부침이 뒤따

● 내면 치유 ●

른다. 그러나 알아차림과 열림, 더 많이 배울 준비가 된 명민한 마음
으로 그것을 다룰 수 있다면 시련은 내 안에 지혜를 채우는 좋은 방편
이 된다.

매일이 승리의 날일 수는 없다

치유 과정에서 흔하게 겪는 어려움은 진행 상황을 측정할 때 발생한
다. 특히 격한 감정이 들 때는 시야가 흐려지므로 스스로를 판단하려
고 하지 않는다. 치유의 상당 부분은 자기 알아차림이 얼마나 예민하
게 작동하느냐에 달려 있는데, 종종 자신이 모든 정신적인 패턴과 움
직임의 뿌리를 확대하는 현미경처럼 마음을 훈련하고 있음을 깨닫지
못하는 경우가 많다. 그러나 주의를 내면으로 돌림으로써 의식을 확
장하는 데 집중하면 훨씬 깊은 수준에서 나를 이해하는 데 도움이 되
는 새로운 정보를 얻을 수 있다.

　간혹 내면의 모든 불완전함을 한 번에 보고, 치유 여정의 전체 틀
이 아닌 특정한 순간에 얼마나 치유되고 성장했는지 측정하려고 하
다 보면 관점이 극단으로 치달을 수 있다. 예를 들어 사람들은 오늘의
나와 어제의 나 또는 이번 달의 나와 지난달의 나를 비교해야 한다고
느낀다. 이처럼 표본의 크기가 너무 작으면 치유가 선적이지 않다는
사실을 충분히 이해하기 힘들다. 짧은 기간에는 감정 기복, 나아감과
물러남, 새로운 정보를 완전히 통합하기 위해 속도를 늦추어야 할 때
도 있기 때문이다. 또한 과거에 축적된 많은 반응이 수면 위로 떠오를
수 있다. 어느 쪽이든 완벽에 대한 집착은 치유가 급격히 진행되기를
바라는 갈망일 뿐이다. 이 여정은 훨씬 더 복잡하고 예측할 수 없는

과정임을 명심해야 한다.

치유 여정을 시작하고 발전을 진지하게 받아들이는 이유는 더 나은 나로 거듭나기 위함이다. 그러나 궁극적으로는 치유가 상승 궤도를 그리더라도 그 와중에 삶에서 끊임없이 변화의 흐름이 생겨나고, 오래된 것을 청산하고 새로운 것을 실천하는 과정에서 골치 아픈 현실과 마주칠 수밖에 없음을 이해하는 것 역시 중요하다. 그동안 얼마나 달라졌는지 제대로 살펴보고 싶다면 이 모든 내적 작업을 시작하기 전과 비교하는 것이 가장 바람직하다. 의도적으로 한 걸음 물러서서 미시적인 관점이 아닌 거시적인 자기 알아차림으로 삶을 바라보면 얼마나 멀리까지 왔는지 더 잘 파악할 수 있다. 지금 내가 반응을 관리하는 방법과 과거에 했던 방법 사이에 눈에 띄는 차이가 있다면 이는 발전했다는 중요한 신호이다. 전보다 덜 강렬하게 반응하면서 행복과 진정성에 힘을 실어 주는 생산적인 선택을 할 수 있다면 올바른 길을 가고 있는 것이다.

이러한 높은 수준의 자기 알아차림은 매우 유용하지만, 이를 언제 사용하고 어디로 향하게 할지에 주의를 기울이지 않으면 발전의 깊이에 대한 왜곡된 생각을 가질 수 있다. 특히 우울할 때는 자기 분석을 멈출 필요가 있다. 마음이 혼란스러우면 정확하고 균형 잡힌 자기 분석이 어렵기 때문이다. 스스로 심각한 침체기에 있음을 알아차릴 수 있다면 그것만으로도 발전하고 있다는 좋은 신호이다. 현재 위치에 대한 가혹한 판단을 내려놓고, 지금 이룬 것이 진짜인지에 대한 걱정을 잠재우는 일 또한 마찬가지다. 감정의 스펙트럼을 여행하면서 지금 내가 어디에 있는지 명확하게 느낄 수 있는 능력을 갖추면, 잠시 심각한 내적 작업에서 벗어나 폭풍이 지나갈 때까지 여유를 갖

• 내면 치유 •

고 스스로를 부드럽게 대할 수 있다.

우울한 순간을 인식하고 이를 나와 다른 사람을 향한 인내심을 발휘할 기회로 삼을 수 있다면 지혜가 자라고 있다는 신호이다. 이러한 인내심은 내면의 긴장이 다툼을 조장해 나중에 후회할 일을 하거나 비논리적인 논쟁에 휘말리지 않도록 도와준다. 마음에 폭풍이 몰아치는 동안 하루를 원만하게 보내는 데 집중하는 것은 가식적이거나 감정을 억누르는 일이 아니다. 이는 넓은 범위에서 현실을 존중하는 행위이다. 기분이 좋지 않은 건 사실이다. 하지만 이미 있는 긴장 위에 또 다른 긴장을 더해 타오르는 불길에 기름을 붓는다고 해서 나아질 것은 없다. 내가 할 수 있는 유일한 일, 단 하나의 유익한 선택은 진실의 무게를 느끼면서 마음이 내려놓으려고 노력 중인 일에 무게를 더하지 않는 것이다.

마찬가지로 매일이 승리의 나날일 거라고 기대해서는 안 된다. 치유는 근본적으로 예전의 나와 나의 존재 방식에 작별을 고하는 일이기에 힘든 날도 분명히 있을 것이다. 과거의 나와 작별하기란 쉽지 않다. 오랜 시간 쌓아 온 습관의 흐름을 거스르고 인간 본성을 활성화하기 위해서는 반복적으로 노력해야 하기 때문이다. 시간이 지나면 진정한 나로 존재하기가 그만큼 쉬워질 테지만, 처음에는 오래된 패턴을 깨뜨리기 위해 의도적으로 속도를 늦춰야 할 수도 있다. 이 과정이 지루하고 피곤하게 느껴지는 건 어찌 보면 당연하다. 그러나 나를 묶고 있는 매듭을 풀기 위해서는 높은 수준의 헌신이 필요하고, 그것은 그럴 만한 가치가 있는 일이다.

실제로 치유의 여정은 큰 도약을 이루기 전까지 비틀거림과 약간의 후퇴로 가득 차 있다. 완벽함과 끊임없는 성공, 성과에 대한 집착이 생길 때마다 이를 알아차리고 이 여정이 단순한 과정이 아님을 기억함으로써 계속해서 마음을 내려놓아야 한다. 그렇게 하다 보면 이 과정 역시 나의 감정 이력에 특별한 무언가로 남을 것이다. 미지의 어둠에서 앎의 빛으로 나아가는 길은 그림처럼 완벽하지 않다. 치유에 전념하되 스스로를 부드럽게 대하자. 내면의 여정을 시작한 순간부터 우리는 진화와 번영을 위한 도전을 받아들인 셈이다.

포효하는 과거의 잔해들

내면을 들여다볼 때는 용기를 가져야 한다. 종종 충격적인 사실을 발견하게 되기 때문이다. 치유는 마음을 정화하는 데 도움이 되지만 그보다 먼저 괴로움을 유발하는 패턴을 보여 준다. 시간을 내어 내면세계를 탐구하다 보면 내 안에 억눌려 있는 많은 것들과 마주하게 되고, 과거의 순간들과 거친 감정들이 드러나고 표출된다. 치유의 어려움 중 하나는 더 좋은 날의 빛을 누리기 위해 기꺼이 폭풍을 마주해야 한다는 점이다.

　　적극적인 억제가 아니어도 많은 것이 축적된다. 특히 강렬한 감정에 반응하면 그것이 잠재의식에 각인되어 마음이 비슷한 상황을 인식할 때마다 같은 감정을 다시 느끼게 한다. 이 얽히고설킨 마음의 짐을 풀고 오래된 조건화로부터 나를 해방하는 과정에서, 때때로 과거가 내 안에 되살아나 혼란을 야기하고 마음을 흐리고 짙은 안개가 낀 듯 느끼게 할 때도 있다. 자기 알아차림을 기르고 의도적으로 오래된 패턴에서 벗어나려고 할 때 과거는 마음에 벼락을 내리치곤 한다. 시간이 지나면서 잠재의식에 축적된 감정적 반응이 깊은 내면에서부터 올라와 일시적으로 마음을 뒤흔들고 어둡게 만드는 것이다.

이러한 침체된 순간들을 현재와 미래의 성공을 위해 준비하는 계기로 삼을 수 있다. 과거의 아픔이 되살아나는 침체기는 삶을 건강한 방식으로 발전시켜 나갈 새로운 기회이다. 우울한 순간은 계속해서 나를 찾아올 테지만, 영원히 지속되는 감정은 없다는 사실을 이해하면서 부드럽고 인내심 있게 상황을 헤쳐 나간다면 비로소 치유가 효과를 발휘할 것이다.

과거의 잔해가 마음에서 깨끗이 정화되는 과정에서 방출의 시간이 몇 시간 혹은 며칠 동안 짓눌리는 느낌을 들게 할 수 있다. 이러한 순간은 종종 영원히 계속될 것처럼 느껴지지만 일시적일 뿐임을 스스로에게 상기시켜야 한다. 낡은 패턴을 거부하고 긍정적인 습관에 의도적으로 에너지를 불어넣음으로써 과거에 대한 충성심을 부숴 버리는 일은 삶이 새 국면으로 접어듦을 의미한다. 이 낯선 변화가 때로는 나를 두려움과 의심에 빠지게 할 수 있다. 하지만 일시적인 이 순간을 과거의 허물로 인식하고 변화의 과정을 신뢰한다면 치유 속에서 겪는 부침을 지혜롭게 이겨 낼 수 있다.

내려놓는 과정은 대체로 고요하다. 그러나 한때 거부하거나 도망치려고 했던 감정이 나라는 존재를 완전히 떠나가고 있음을 온몸으로 느껴야 할 때도 있다. 물론 기억은 사라지지 않지만, 특정한 기억이나 생각을 감싸고 있는 감정적 에너지는 훈련을 통해 소멸시켜야 할 장애물이다. 과거의 감정이 풀리면서 포효하더라도 그것을 되받아 똑같이 포효할 필요는 없다. 그저 진실과 함께하면 된다. 진실을 곁에 두는 것이 치유의 수단이 된다.

폭풍이 몰아치는 순간을 후퇴로 착각하기 쉽다. 그러나 이는 더 큰 도약을 위한 발판을 마련하는 단계이다. 폭풍은 두 가지 주요한 의의가 있다. 받아들임과 관대함을 연습할 기회를 제공하고, 떠오르는 모든 것을 내보낼 수 있게 도와준다는 점이다. 내면 깊은 곳으로 들어갈 때마다 100% 완벽할 수는 없다. 잘 안 풀리는 날이 있기 마련이다. 치유를 위해서는 더 많은 에너지와 관심을 내면으로 집중시켜서 제한이 없는 두꺼운 조건화를 해결해야 할 때도 있다.

동요를 느낄 때는 마음이 집중할 대상(사람·생각·상황)을 찾아서 불안을 증폭시키려 한다는 걸 알아차려야 한다. 긴장이 활활 타오르려면 연료가 필요한데, 이는 보통 마음이 지금 이 순간을 있는 그대로 받아들이지 못하게 하는 집착이다. 폭풍에 휘말린 마음은 이성적이고 연민 어린 사고를 제쳐 두려는 경향이 있다. 공격성과 불필요한 갈등은 정신적 무거움이 행동 방향을 결정하게 내버려둘 때 흔히 발생한다. 마음은 평화보다 격동에 더 익숙하고 과거와 미래의 정신적 이미지 사이를 오가는 경향이 있다. 평화는 언제나 지금 이 순간에만 얻을 수 있기에 의도적인 정신 훈련이 필요하다.

혼자서는 너무 힘들다면 공동체의 힘을 빌려야 한다. 친구와 연락하거나 심리치료사 또는 명상 지도자 등 내면세계를 탐색하고 치유의 여정을 잘 이어 갈 수 있도록 길을 안내해 주는 사람에게 도움을 요청하자. 만약 그들이 내가 마음을 열도록 도와준 사람이라면 과거의 조건화를 처리하는 데도 방향을 제시해 줄 수 있을 것이다. 핵심은 폭풍을 완만하게 잘 지나가는 것이다. 불안과 함께하는 것이 또 다른 불안을 더하는 일보다 생산적이다.

치유의 여정에서 동지가 될 만한 친구의 존재는 큰 힘이 된다. 나와 같은 성찰을 이어 가고 있는 사람들은 비슷한 우여곡절을 경험했을 테고, 내가 이겨 내려고 애쓰고 있는 어려움에 대해 연민을 느낄 것이다. 사람들에게 나를 돕고 지지할 기회를 주자. 다른 사람이 베푸는 친절과 지원을 받아들이는 건 그들이 건전하고 가치 있는 행동을 할 수 있도록 기회를 주는 일이다. 다른 사람을 섬기는 일이 중요하듯이 다른 사람이 나를 섬기게 하는 일도 가치가 있다. 다른 사람이 나를 도울 수 있게 허락하는 일은 모든 것을 혼자서 해결할 수 있다는 자기중심적 사고를 내려놓는 적극적인 행동이다. 인간은 공동체 안에서 살아간다. 이는 사회적 집단 내에서 균형감 있게 서로 주고받으며 산다는 의미이다. 서로 도우면서 살 때 이타심을 실천하는 동시에 나의 미래를 더욱 밝게 만들어 나갈 수 있다. 모든 행동은 훗날 꽃을 피우고 삶에 열매를 맺어 줄 씨앗을 심는 일이다.

사람들은 무의식적으로 치유와 발전이 선적으로 이뤄지길 바란다. 치유의 과정에서 평화와 행복이 지속적으로 커지길 기대한다. 그러나 치유는 이 순간 내가 느끼는 진실과 심오하고 정직한 관계를 구축하는 일에 가깝다. 기분이 좋든 나쁘든 나에게 진실하다고 느껴지는 무언가와 함께하도록 스스로를 격려하는 일이다.

'나'는 일시적이다

치유 과정의 또 다른 과제는 과거의 나를 놓아주는 일이다. 방출이라는 심오한 작업이 계속되면서 나의 조건화는 점점 가벼워질 것이다. 이것이 내가 좋아하는 것과 싫어하는 것에 큰 변화를 일으키고 관계에서 추구하는 바를 변화시킨다. 무의식적으로 과거의 자아에 매달리려고 할 때 흔히 내면의 투쟁을 느끼곤 하는데, 이는 과거의 나야말로 내가 가장 잘 아는 대상이기 때문이다. 인간은 안전한 영역을 갈망하고 미지의 영역을 두려워한다. 그래서 많은 긴장을 불러일으키더라도 과거의 나에 대한 애착이 있다. 심지어 새로운 방식으로 세상을 보려고 노력할 때도 내면에 자리 잡은 인식은 밀고 당기는 줄다리기를 할 수 있다.

인식의 상당 부분은 과거의 경험에 의해 좌우된다. 따라서 기억에 의지해 끊임없이 평가하지 않고 상황을 있는 그대로 보고 받아들이는 일은 상당히 낯설게 느껴진다. 현재에 인식을 집중하려면 의도적인 행동이 필요하다. 치유를 위해 내려놓음을 실천해야 했듯이 새롭게 떠오르는 나를 받아들이고 내면의 부흥에 힘을 실어 주기 위해 긍정적인 습관을 꾸준히 만들어 가야 한다. 치유에 진심이라면 자기 정체성을 유연하게 유지하고 행복을 뒷받침하는 방향으로 흘러가도록 삶을 조정해야 한다.

치유의 여정에서 성숙함을 기른다는 것은 짧은 시간 동안일지라도 계속해서 나를 내려놓아야 한다는 사실을 마음속 깊이 받아들임을 의미한다. 인간은 끊임없이 변하지만, 변화의 강이 흘러갈 방향을 제시할 수 있다면 그 변화는 매우 분명해질 것이다.

나는 역사책을 사랑하고 주로 역사책만 읽는 사람이었다. 하지만 명상을 하다 보니 새로운 면이 나타났다. 논픽션과 문학 작품 등 다른 장르에 대한 관심이 커지기 시작했고, 어린 시절 좋아했던 공상 과학 소설에 대한 사랑도 다시 피어났다. 이제 나는 무엇을 좋아하는지 엄격하게 분류하기보다 순간순간 직관적으로 드는 느낌을 따르려고 노력한다.

진화에 열려 있는 유기적인 자세로 나아갈 수 있으면 자연의 흐름에 적응하는 데 도움이 된다. 자연은 변한다. 변함없이 늘 그대로인 것은 아무것도 없다. 충분히 깊이 들여다보면 언제나 움직임을 발견할 수 있다. 이러한 자연의 법칙이 나의 정체성에도 똑같이 적용된다. 나의 존재는 영구적인 운동 상태에 있다. 한시도 정적이었던 적이 없으며, 심지어 나의 가장 미묘하고 핵심적인 부분에도 역동적인 움직임이 있다. 이는 일상생활에서 자신을 이해하는 방식이 한동안은 잘 맞아떨어질 수 있지만, 결국 그것도 변할 것이기에 성장을 위한 공간을 마련할 필요가 있음을 의미한다.

　자아는 단지 이해를 위해서만이 아니라 애착의 불길을 키우기 위해서도 이름 붙이기를 좋아한다. 이름표는 자연스러운 변화의 흐름을 막는 브레이크 역할을 하며, 때로는 그것이 치유 작업에 대한 저항의 형태로 나타나기도 한다.

　깊은 치유의 기간이 지나면 한때 나의 정체성을 확인하는 데 도움이 되었던 이름표들이 닳아 없어진 듯 느껴질 수 있다. 한때 경외감을 불러일으켰던 것이 너무 단순하거나 깊이가 없다고 느껴질 수 있다. 또한 지혜가 확장됨에 따라 언젠가 우주에 대한 자신의 관점이 너무 협소하다고 느낄지도 모른다. 치유는 지속적인 성장을 의미한다. 성장함에 따라 인간의 조건을 이해하는 데 도움이 되는 보다 세련되고 미묘한 관점이 필요할 수밖에 없다. 불필요한 고통을 피하기 위해서는 알고 있는 것에 집착하지 않고, 관점이 일시적으로만 도움이 되며, 더 많은 경험과 지혜를 습득함으로써 한때 유용하다고 생각했던 것들을 내려놓게 되리란 사실을 분명하게 인식해야 한다. 한순간에 나와 세상에 대해 알고 있는 것이 바뀔 수 있다. 특히 본연의 힘을 되찾고 행복을 키우는 데 마음이 열려 있다면 더욱 그렇다.

• 내면 치유 •

오래된 상처와의 관계 역시 떼어 낼 수 없는 고정된 것으로 본다면 방해가 될 수 있다. 나와 트라우마를 지나치게 동일시함으로써 그것이 정체성을 이루는 중요한 부분이 되어 버리면, 오히려 트라우마가 없는 삶에 대한 두려움이 생길 수 있어서 치유가 느리게 진행될 수 있다. 성장은 창조와 파괴의 과정이다. 과거의 내가 쇠퇴하고 사라짐에 따라 새로운 내가 끊임없이 형성된다. 과거의 잔재에 매달리는 것은 현재의 도달을 지연시킬 뿐이다. 자유를 지지하는 방식으로 살고 싶다면 내려놓음 외에는 다른 선택지가 없다.

나에게 익숙하고 선호하는 범주를 넘어서려다 보면 이상한 기분이 들 수 있다. 과거의 삶에서 벗어났음을 깨달을 때 심지어 길을 잃었다고 느낄 수도 있다. 이러한 순간에 새롭게 좋아할 만한 것, 나를 표현하는 새로운 방식, 새로운 열망을 가져도 괜찮다는 사실을 떠올리면 도움이 된다. 성장을 완전히 받아들이기 위해서는 미지의 세계로 기꺼이 모험을 떠나야 한다.

정체성은 까다롭다. 세상과 상호작용하는 데 필요한 기준을 가지려면 정체성이 필요하지만, 너무 많은 정체성과 다양한 이름표는 나를 무상의 진리로부터 멀어지게 한다. 지혜는 그것을 얻으려는 자를 두 팔 벌려 환영하지만 그 품으로 들어가려면 먼저 마음을 무장해제해야 한다. 모든 생각과 견해를 내려놓고 받아들일 준비가 되었을 때 비로소 지혜는 찾아온다. 과거에 사로잡힌 인식과 판단 없이 나를 관찰할 준비가 되어야만 지혜의 영역으로 들어갈 수 있다. 시대를 초월한 지혜는 모든 것을 내려놓음으로써 나를 한 걸음 더 멀리 나아가게 만든다.

내가 생각하는 나의 모습을 내려놓고, 나에 대한 인식을 만들어 내는 모든 움직임을 관통하며 흐르는 변화의 강을 받아들이자. 그러면 지혜가 나를 자유로 인도할 것이다. 자유는 움직이는 아원자(Subatomic)의 조합이 모든 인간 자아의 비실체성을 증명하는 궁극적인 실재 영역에서 확장된다. 인간은 억겁의 시간이 흐르는 우주 속에서 잠시 살다 가는 존재이며 나를 어떻게 정의하느냐는 일시적인 가치만을 지닌다. 나를 아는 것도 좋지만 나를 자유롭게 하는 것은 훨씬 더 가치 있는 일이다.

자유가 요구하는 여러 형태의 탈학습은 한때 나를 이해하는 핵심이라고 여겨 필요에 따라 만들어 온 이름표와 인식의 층을 벗겨 내는 과정을 포함하지만, 이 또한 시간이 지나면 변할 것이다. 세상을 능숙하게 살아가려면 자아가 필요하다. 그러나 궁극적인 해방을 위해서는 자아를 완전히 내려놓아야 한다. 이 두 가지 진리와 균형을 이루며 살아간다면 내면의 평화에 한층 더 가까이 다가갈 수 있다.

중요한 건 속도가 아닌 균형

마음을 옥죄는 해로운 생각 중 하나는 완벽함이다. 인간은 완벽하기를 기대하고 갈망하며 삶과 관계에서도 그럴 수 있기를 바란다. 그러나 완벽에 대한 기대와 현실은 끝없이 부딪친다. 현실은 끊임없이 변한다. 그것은 예측 불가능함과 결합된 변화이다. 완벽함은 그 반대이다. 완벽함이란 특정한 정신적 이미지의 경계 안에서 상황을 통제하고 유지하려는 시도이다. 현실은 흐르는 강물이다. 반면에 완벽함은 정적인 그림이다. 특히 개인의 성장과 인간관계의 질에 있어서 완벽함은 인식을 교활하게 왜곡해 위대한 것은 실제보다 별것 아닌 듯 보이게 하고 작은 문제는 불필요하게 커 보이게 만든다. 행복한 삶을 원한다면 자기 인식에 의문을 제기할 줄 아는 겸손함을 가져야 할 뿐 아니라, 완벽함이라는 허상이 마음의 고삐를 잡아당겨 긴장을 조성하고 있지 않은지 주기적으로 확인해야 한다.

삶의 조화는 대부분 내려놓을 때 나타난다. 완벽을 추구하는 대신 목표를 세우고 나아가는 과정 자체를 받아들이고자 노력한다면, 오래 지속되는 변화를 위한 견고한 기반을 구축하는 셈이다. 생산적이 되기 위해 서두를 필요는 없다. 오히려 느리게 가는 법을 연습하면 내면의 혼란을 줄일 수 있을뿐더러 나를 더 효율적으로 만들 수 있다.

느린 움직임은 의도적이고 강력하며 현명하게 고려된 전략이다. 나만의 속도로 대담하게 움직이며 다른 사람과의 경쟁에서 기권하는 일은 심오한 패러다임의 전환이다. 경직된 타임라인을 제쳐 두고, 유기적인 발전을 수용하고, 신중한 행동에 집중함으로써 장차 이루게 될 성취에 엄청난 차이를 가져올 수 있다. 내적 성공과 외적 성공에 관한 방정식에서 속도는 작은 요소이다. 그보다 노력, 헌신, 장기적인 일관성에 집중하는 편이 더 낫다. 명심하자. 산이 그토록 장대하고 오래도록 제 모습을 유지할 수 있는 이유 중 하나는 오랜 시간에 걸쳐 천천히 만들어졌기 때문이다.

속도와 생산성에 기반을 둔 사회에서 천천히 움직이는 건 급진적인 행동이다. 사람들은 뒤처질까 봐 두려워서 빠른 속도로 움직이는 데 전전긍긍한다. 그러면서 서둘러야 한다는 당위성이 다른 누군가가 아닌 스스로 부과한 짐임을 깨닫지 못한다. 다른 사람들이 다 그렇게 하고 있으니 나도 그래야 한다고 생각하는 것이다. 이러한 생각은 온전히 현실에 기반을 두고 있지 않으며, 대부분 자신이 만들어 낸 상상력의 산물이다. 인간의 습관은 위계에 대한 집착과 그 밑바닥에 있지 않으려는 욕망을 품고 있다. 위계에 대한 인식은 '누가 더 나은가' 혹은 '누가 더 앞서 있는가'를 판가름하기 위해 다른 사람과 나를 비교하면서 성장, 치유, 지혜까지 서열을 매긴다.

속도와 위계에 대한 집착은 자아가 앓는 병이다. 목표를 가지고 위대한 일을 성취하려는 게 잘못은 아니지만, 오로지 다른 사람보다 앞서는 데만 몰두하면 균형 잡힌 마음으로 살지 못하고 그 과정에서 스스로를 고통스럽게 만든다. 스스로 부과한 정신적 긴장 속에서 고통을 겪는다면 그것이 참된 성공일까? 집착 없이 일하고 창조하며, 나와 다른 사람의 이익을 위해 노력하고, 엄격한 시간의 제약 없이 움직이고, 긴장을 일으키는 일 없이 헌신할 수 있도록 균형을 찾는 것. 이것이야말로 용감하고 현명한 이들이 삶을 살아가는 방식이다.

몸이 피곤하면 마음은 빠르게 방어 태세를 취한다. 많은 일을 해내기 위해 반복적으로 나를 몰아붙이다 보면 적절한 휴식을 취해야 한다는 사실을 잊게 된다. 생산성을 위해 끊임없이 자신을 혹사하다 보면 내면에 비축된 에너지가 고갈되고 때로는 마음의 균형마저 잃게 된다. 피로로 인해 쌓인 마음의 긴장은 걱정스러운 이야기나 마음을 심하게 동요시키는 가짜 이야기로 변질될 수 있다. 피곤하거나 배가 고플 때, 마음은 성급하게 결론을 내리거나 다른 사람에 대한 인내심을 쉽게 잃어 버린다. 열심히 일하고 효율적으로 행동하는 건 문제될 게 없다. 다만 틈틈이 쉬는 시간을 만듦으로써 행복이 자라는 데 필요한 영양분을 공급해 주어야 한다. 휴식의 필요성을 존중하면 앞으로의 여정이 훨씬 순조로워질 것이다.

• 내면 치유 •

●

속도를 늦추면서 반응을 관리하라

속도를 늦추면서 직관에 귀 기울여라

속도를 늦추면서 에너지를 회복하라

속도를 늦추면서 지금 순간에 머물러라

속도를 늦추면서 나의 진실을 느껴라

사람은 저마다의 속도로 치유된다

명상을 진지하게 생각하기 시작하면서 나는 같은 명상 센터에 다니는 또래 친구를 몇 명 사귀었다. 그들은 모두 무지, 고통, 스스로를 파괴적인 고리 안에 가두는 오래된 패턴으로부터 자신을 해방하는 데 전념하고 있었다. 나는 꾸준히 명상 수련회에 참석하고 봉사활동에도 많은 시간을 할애하는 그들의 노력에서 큰 영감을 받았다. 고작해야 1년에 몇 번 명상 센터에 가고, 열흘간의 명상 코스에 참여하는 동안 참가자들 식사 만드는 일을 돕는 게 전부인 나와는 달리 그들은 늘 그 자리에 있었다. 몇 달에 한 번씩 명상 센터를 찾을 때마다 그들은 더 현명해지고 평안해진 듯 보였고 자기 몸에서 접할 수 있는 진리와 조화를 이루는 듯했다.

나는 변화를 거듭하는 그들의 정신력에 깊은 영감을 받으면서 동시에 질투로 인한 고통과 약간의 소외감을 느꼈다. 그들처럼 자유로워지고 싶었고 자유에는 노력이 필요하다는 걸 알게 되었다. 왜 나는 그들처럼 빠른 속도로 그 길을 가지 못했을까? 나의 방식에 대한 의심이 들었고 많은 긴장이 몰려왔다. 무언가를 더 하고 싶다는 갈망마저 느껴졌다. 하지만 내 안에는 그들만큼의 정신적 에너지와 여유가 없었다. 1년에 몇 번 수련회에 참석하고 하루에 두 시간씩 집에서 명상하는 것만으로도 충분했다. 단지 지금보다 더 많이 명상을 한다고 해서 좋아질 게 없었다. 내가 겪고 있는 변화는 충분히 깊었고 이미 많은 것을 손에 쥐고 있었다. 그동안 배운 것들을 소화하고 새로운 통찰력을 완전히 내면화하려면 수련회 사이에 시간이 필요했다.

나는 겸손한 마음으로 지금 이 속도가 나에게 적절하다는 사실을 받아들였다. 매년 몇 차례 수련회에서 보내는 시간이 내가 감당할 수 있는 수준임을 알아차렸다. 또한 나에게는 명상 외에도 가족을 부양해야 할 책임이 있음을 받아들였다. 시간이 지나면서, 나는 헌신이 얼마나 열심히 수련회에 참석했는지 또는 얼마나 강도 높은 수련을 했는지로 측정되지 않는다는 걸 깨달았다. 헌신은 얼마나 많은 시간을 들였느냐가 아니라 얼마나 그 여정에 전념했는가로 측정된다. 내 마음의 조건화는 강도 높은 수련을 감당할 수 있었을지도 모르지만, 그동안 내려놓은 많은 것들을 처리하려면 속도를 늦출 필요가 있었다. 게다가 명상을 통해 알게 된 내면의 새로운 열망, 글쓰기에 대한 욕구를 추구하기 위해서도 시간적 여유를 마련해야 했다.

당시에는 나만의 여정에 감사하지 못했고 다른 사람과의 비교가 나의 발전과 헌신에 대한 의심을 키우는 일임을 깨닫지 못했다. 나와 같은 친구들이 많다는 건 정말 멋진 일이지만, 그들의 여정과 비교하지 않으면서 나만의 속도로 나아갈 필요가 있었다. 내면의 여정에서 겪는 어려움을 공유하고, 내가 가는 길을 알고 있으며, 나의 내적 작업이 성공하길 응원해 주고, 삶에 빛을 비춰 주는 새로운 통찰에 관해 이야기 나눌 수 있는 사람. 이러한 치유의 동반자가 곁에 있다는 건 정말이지 큰 힘이 된다. 이들은 내가 진창 속을 터벅터벅 걸어가며 내면을 개척할 수 있도록 영감을 불어넣어 주는 귀중한 사람들이다. 그러나 한 가지 유념해야 할 것은 사람은 저마다의 속도로 치유된다는 점이다. 나에게 맞는 속도를 유지하면 지속 가능한 속도로 계속해서 앞으로 나아갈 수 있다. 그러면 더 깊이 내면을 탐구할 수 있고 그 여정에서 더 많은 열매를 맺을 수 있다.

경쟁심은 삶의 모든 측면, 심지어 치유의 여정에도 은근히 침투

・ 내면 치유 ・

하는 교묘한 마음이다. 갈망은 다른 사람이 느끼는 것을 나도 느끼고, 큰 문제들을 극복하고, 짧은 시간에 행복의 정점에 도달하길 원하게 만든다. 그러나 진정한 치유는 속도와 아무런 관련이 없으며 비교하는 행위와도 전혀 관련이 없다. 내면에서 일어나는 이러한 마음의 작용을 알아차리고, 자신의 여정이 개인적이고 내밀하며 고유한 것임을 다시금 비판적으로 이해한다면, 치유 과정에서 균형을 되찾고 지속 가능한 속도로 돌아갈 수 있다.

지속 가능한 성장이란 나를 알고 스스로 감당할 수 있는 한계를 앎을 의미한다. 또한 처리해야 할 과거의 많은 것들을 불러내는 심도 있는 작업과 휴식 및 통합을 위해 충분한 시간을 확보하는 일 사이에서 균형을 유지하는 걸 의미한다. 쉼과 여유 없이 점점 더 깊이 파고들기만 하면 불편한 상태에 빠지게 되고 결국 균형을 무너뜨리는 조건을 만들게 된다. 나를 너무 몰아붙이면 지쳐서 하던 일을 아예 멈춰버리고 싶을 수 있다. 치유에서의 성숙함이란 정신적으로 부담이 될 정도로 한 번에 무리하지 않음을 의미한다.

수많은 과거의 트라우마와 감정 이력으로 스스로에게 많은 짐을 지움으로써 내부 시스템에 충격을 주고 싶은 사람은 아무도 없을 것이다. 인간은 모든 문제를 한꺼번에 처리하기보다 작은 내적 승리를 추구하는 게 나을 만큼 많은 조건화의 패턴을 가지고 있다. 비록 내면의 문제들은 서로 긴밀하게 연결되어 있지만, 잡초를 뽑아서 시야를 확보한 다음에야 힘을 모아 고통의 뿌리를 완전히 제거할 수 있다. 자기 알아차림을 통해 스스로 얼마만큼 감당할 수 있는지 명확한 판단을 내릴 수 있다면 균형을 유지하는 데 도움이 될 것이다.

통합의 시간은 나만의 속도로 움직이는 데 중요한 부분이다. 내면으로 들어감으로써 얻을 수 있는 지혜의 양은 경외심을 불러일으킬 정도이다. 그것은 나의 중심을 흔들고 나와 세상을 바라보는 방식을 완전히 뒤바꿀 수 있다. 진실과 함께하는 시간은 믿을 수 없을 만큼 혁신적이다. 진실은 단지 말을 걸고 교훈을 주는 데 그치지 않고, 내가 그 가르침을 구체화하고 어디를 가든지 마음에 새기도록 한다. 있는 그대로의 나를 받아들이고, 나의 어려운 부분을 사랑하고, 온화한 연민으로 나를 마주하고, 삶에 높은 수준의 자기 알아차림을 가져오면 성격과 행복에 근본적인 변화가 생겨난다. 이 긴 여정을 지속 가능하게 하려면 새로운 나에게 적응할 시간이 필요하다. 배움을 체화하려면 시간과 의지가 필요하다. 배운 내용을 다시 점검하면서 새로운 리듬을 발견하고 탐구할 수 있는 공간을 마련하는 일은 미래의 성공과 성장을 위한 기초 작업이다.

성찰하기

- 치유의 여정을 시작한 뒤로 나를 놀라게 한 도전은 무엇인가?

- 치유의 여정을 시작한 이후 힘든 상황을 처리하는 방식에서 자부심을 느낀 순간이 있다면 언제인가? 과거에 대처했던 방식과 어떻게 달라졌는가?

- 자기 정체성과의 관계는 어떠한가? 더 유연해질 만한 마음의 공간이 있는가?

- 과거에는 도움이 되었지만 지금은 잘 맞지 않는 오래된 지혜는 무엇인가?

- 휴식의 필요성을 얼마나 중요하게 생각하는가? 침체기가 찾아왔을 때 저항하는 대신 알아차리고 받아들일 수 있는가?

- 치유의 여정에서 나만의 속도로 움직이는 데 익숙해졌는가?

- 치유의 여정을 시작한 이후 선호의 대상이 어떻게 바뀌었는가? 과거의 나를 내려놓는 데 어려움은 없었는가?

- 마음에 폭풍이 몰려올 때 어떻게 대처하는가? 무엇이 폭풍을 일으키는가? 이를 해결하는 데 도움이 되는 특별한 전략이나 방법이 있는가?

• 내면 치유 •

9장

•

내 가 변 하 면 세 상 도 달 라 진 다

•

마음이 인간 본성과 연결되기 시작하면 실제 삶에 변화가 일어난다. 처음에는 천천히 시작될 수 있지만 시간이 지나면서 변화는 배가되고 내면의 영향을 부인할 수 없게 된다. 나와 세상을 바라보는 방식이 엄청나게 바뀌어 마치 새로운 삶을 사는 것처럼, 다시 태어난 것처럼 느껴질 수도 있다. 가장 큰 도약 중 하나는 과거의 힘든 감정으로부터 영향을 덜 받고, 가혹한 판단을 내리는 일 없이 실제로 일어나고 있는 일을 받아들이는 데 집중하게 되는 것이다.

생존 모드에 머물지 않는 마음으로 삶을 바라보고 살아가는 건 내가 나에게 줄 수 있는 최고의 선물이다. 부지런히 자기 성찰을 하면, 내 안에 있는 좋은 것들을 확장하고 행복을 뒷받침하는 건전한 특

• 내면 치유 •

성들에 힘을 실어 주는 내면의 변화가 활성화되어 마음의 주도권을 잡을 수 있다. 마음이 부흥하는 순간에는 과거의 나에게 매달릴 필요가 없다. 오직 번영하는 방향으로 나아가고 과거의 낡은 껍데기는 부서지게 내버려둠으로써 진화를 정당화할 수 있다. 이 위대한 도전은 과거의 나에 대한 집착을 내려놓고 자연스럽게 펼쳐지는 본래의 모습을 받아들일 수 있는 용기를 키우는 일이다.

창의성의 원천, 알아차림과 현존

인간 본성과 깊이 연결되면 마음이 과거에 집중하지 않기 때문에 더 큰 명료성을 갖게 된다. 사물을 새롭게 보는 이 능력은 오래된 문제를 새로운 방식으로 해결하는 데 도움이 된다. 반복되는 문제에 갇힌 듯한 느낌은 상황을 명확하게 판단하지 못하는 무능함에서 오는 경우가 많다. 계속해서 불투명한 과거의 렌즈로 나와 내 삶을 바라보면 시야를 가리는 장애물을 제거하기 위한 전략을 마련하기가 어렵다. 반면 현재에 온전히 존재할수록 정신적 명료성이 강해진다. 이러한 명료성은 나의 관점을 넘어 더 많은 것을 볼 수 있게 해 주고 창의성의 흐름에 마음을 열어 준다.

내면의 평화와 정신적 명료성은 놀라울 정도로 독창적이고 풍부한 사고를 만들어 내는 강력한 조합이다. 최고의 통찰력은 마음이 서두르지 않고 참을성 있게 주제를 고려할 때 나타난다. 편안한 마음은 통찰에 열려 있으며, 원래 가지고 있던 낱낱의 지식들을 연결해 새로운 관점을 만들어 낼 수 있다. 삶을 변화시키는 통찰력은 억지로 만들어지는 게 아니라 저절로 찾아온다. 이를 위해 해야 할 일은 지금

이 순간에 존재하고 관찰하는 데 집중하는 것이다.

창의성은 새로운 아이디어가 떠오르게 하는 영감의 불꽃이다. 이것은 나에게서 멀리 떨어져 있지 않을 때, 내면의 감정과 긴밀하게 연결되고 개방적일 때 가장 큰 힘을 발휘한다. 창의성은 에너지를 필요로 하는데, 많은 사람이 걱정·불안·두려움·정신적 동요로 인해 자신의 에너지를 소모한다. 마음이 조화를 이루고 오래된 습관에 덜 지배당하면 에너지가 풍부하고 편안한 상태로 머물기가 쉬워진다. 또한 마음이 지금 이 순간과 연결되면 오래된 이야기에 얽매이지 않아서 활력이 넘친다. 이것이 바로 명상을 하면 회복된다고 느껴지는 이유이다. 우리는 지금 알아차리면서 현존하는 연습을 하고 있다. 내 안에서 일어나는 일을 알아차리든 눈앞에서 벌어지는 일을 알아차리든, 의도적으로 현존함으로써 떠오르는 모든 창의성에 열린 마음을 유지할 수 있다.

마음이 더 이상 정신적 부담에 짓눌리지 않으면 새로운 방식으로 세상을 바라볼 수 있다. 의도적인 치유를 통해 일어나는 내면의 변화는 개인의 삶은 물론 세상에도 큰 영향을 미친다. 치유는 예술가만이 아니라 모든 사람에게 행복과 창의성으로 가는 문을 열어 준다. 어떤 분야에서든 치유를 진지하게 생각하는 사람이라면 자기 일에서 새로운 통찰력을 얻을 수 있다.

창의성은 용기와 밀접한 관계를 맺고 있다. 무언가를 개발하고 상식 너머로 나를 밀고 나가려면 용기가 필요하기 때문이다. 또한 규모가 커질수록 복합적인 성격을 띤다. 과학자들만 새로운 발견을 할 수 있는 게 아니라 교육자들도 더 나은 교육법을 만들어 낼 수 있다. 혹은 많은 사람이 집단적으로 용기를 내어 과거의 방식을 거부하고 조화로운 사회를 만들기 위한 새로운 아이디어를 내놓을 수도 있다. 적극적으로 자신을 치유하는 전 세계 수백만 명의 사람들로부터 어떤 정치적·경제적 해결책이 나올지 상상해 보라.

건강한 경계 설정

일단 치유가 진행되면 자연스럽게 경계에 대한 필요성이 느껴진다. 새로운 나의 출현이 처음에는 아슬아슬해 보일 수 있는데, 완전히 성숙하려면 마음을 요새처럼 굳건히 하고 공간을 마련할 필요가 있다. 경계는 변화의 과정에서 세상으로부터 나를 지켜 주는 보호막 역할을 한다. 이것은 내가 변화하는 모습과 일치하도록 도와주는 일종의 보호 장치다. 경계를 단순히 힘을 되찾는 방법이 아니라 의도적으로 삶을 설계하는 방법으로 생각하자. 나를 관찰하기 시작하면 과거의 삶이 힘들었던 원인이 경계의 부재 때문임을 알게 될 것이다.

치유를 진지하게 받아들이면 누구에게 시간을 할애할지 더 신중하게 선택할 수 있다. 주변 사람들이 나에게 영향을 미친다는 사실은 의심할 여지가 없다. 기분은 한 사람 안에만 머물지 않는다. 그것은 개인의 생각, 말, 행동에 영향을 미치는 동시에 주변 공간의 에너지 상태를 결정한다. 따라서 스스로 발산하는 에너지뿐만 아니라 내 주변을 채우고 있는 에너지 또한 인식해야 한다. 궁극적으로 마음을 조절하고 감정에 가장 큰 영향을 미치는 건 나의 인식과 반응이다. 그렇다고 해서 굳이 오래된 패턴을 강화하는 주변 환경에 들어가거나 거기에 머물 필요는 없다. 이는 전혀 도움이 되지 않는다.

나를 짓누르는 상황과 거리를 두는 일은 한창 가꿔 나가고 있는 새로운 내 모습을 보호하는 데 필수적이다. "미안, 이건 나에게 맞지 않아" 또는 "지금은 나를 위한 좋은 선택이 아닌 것 같아"라고 말함으로써 상대방에게 무례하지 않은 방식으로 스스로를 지킬 수 있다. 계속해서 내면의 온전함을 확인하다 보면 사람들의 말이나 행동이 나에게 영향을 미치는 일이 줄어든다. 내가 느끼고 행동하고 싶은 방식과 조화를 이루며 살아갈 수 있음은 크게 성숙했다는 신호이다.

지금 순간에 유용한 경계를 설정하고, 필요에 따라 이를 재평가하거나 변경할 수 있도록 스스로를 점검하는 일은 치유의 여정에서 필수적인 요소이다. 경계 설정은 벽을 세우는 일이 아니다. 벽은 어려운 대인관계에 대처하는 방법을 배우지 못하도록 가로막는 장애물이지만 건강한 경계는 행복을 지지해 준다. 벽은 마주하기 힘든 감정으로부터 나를 보호하기 위해 도망치려는 오래된 시도인 반면, 경계는 내면세계가 성숙함에 따라 달라지는 주변 환경에 대한 일시적인 요구이다.

나를 보호하고 해가 되는 사람을 물리치는 일은 잘못이 아니다. 다만 궁극적으로 삶에서 모든 장애물을 없애기란 불가능하다. 따라서 문제가 발생할 때마다 인내심을 기르고 문제 해결 능력을 향상하는 데 에너지를 사용하는 것이 바람직하다. 경계를 설정할 때는 꼭 필요한 부분과 과도하게 설정된 부분을 파악해서 균형을 잡아야 한다. 나보다 내 삶에 대해 잘 아는 사람은 없고, 내가 원하는 것을 주변 사람들에게 정확히 말하지 않는 한 그것이 무엇인지 아무도 알지 못한다. 나에게는 나의 번영을 돕는 방식으로 주변 환경을 만들어 갈 권리가 있다.

나와 가까워지면 우정을 다루는 방식도 완전히 바뀐다. 나에게 솔직해지고 취약점과 함께하는 능력을 키우면 내면과의 관계가 더욱 단단하고 깊어지며, 경계가 나에게 진정 가치 있는 관계에 새로운 에너지를 불어넣는다. 시간과 의도를 들여서 관계를 발전시켜 나가는 가운데 피상적인 관계는 자연스럽게 멀어진다. 이는 내가 무례하거나 비열해서가 아니라 주어진 시간이 유한하기 때문이다. 특히 요즘처럼 빠르게 변화하고 기술적으로 많은 것을 요구하는 세상에서 내가 다른 사람에게 줄 수 있는 에너지는 한정되어 있다. 중요한 사실은 진정으로 나에게 소중한 우정에 관심을 기울임으로써 그것을 완전히 꽃피울 수 있다는 점이다.

이러한 과정을 통해 내면세계는 활력을 전해 주는 존재감 있는 사람, 근본적으로 진솔한 사람, 웃음과 진실을 공유할 수 있는 사람, 나의 성장을 지지하는 사람들로 구성될 것이다. 우정은 중요한 투자이다. 진정한 우정으로 곁에 남은 사람들은 힘든 시기에 나를 격려하고 내가 성공했을 때 기쁨을 함께 나눌 수 있는 네트워크다. 내가 성장함에 따라 친구들과의 관계도 계속해서 발전한다. 비록 어느 한 사람이 나에게 필요한 모든 것을 다 주지는 못할지라도 경외감을 느끼고, 관점을 바꾸고, 행동하도록 영감을 주고, 왜 삶이 만끽해야 할 기적인지를 일깨워 주는 대화를 더 많이 나누게 될 것이다. 자기 알아차림과 성장이 삶이라는 집의 토대라면 친구는 그 집의 지붕을 지탱하는 대들보이자 기둥이다.

생각과 마음의 변화는 삶의 모든 측면으로 퍼져 나가 반향을 일으킨다. 그것은 먼저 내 안에서, 삶과 마음의 우여곡절에 대한 나의 인식과 관계에서 시작된다. 주변 사람들이 의도적으로 나를 변화시키려 하지 않더라도 저절로 변화가 내면으로 흘러든다. 그러면 행동의 변화가 오래되고 지속되어 온 관계를 새롭게 느끼게 하고, 이전과는 다른 방식으로 가까운 사람들을 대함으로써 그들 역시 자신의 반응 방식을 재평가하게 만든다. 누군가는 이러한 변화를 두려워할 수도 있고, 또 다른 누군가는 나의 성장에서 영감을 받아 변화를 신선하게 받아들여 평소에 하던 방식에서 벗어날 용기를 낼 수도 있다.

내 경우에는 변화가 시작되면서 아버지와의 관계가 눈에 띄게 달라졌다. 아버지와 나는 가까운 사이였지만 서로의 감정을 표현하는 데 서툴러서 일정 정도 거리감이 있었다. 아버지는 언제나 가족을 깊이 사랑했는데, 대개는 살 집과 먹을 음식을 마련하기 위해 기울이는 많은 노력을 통해 그 사랑을 보여 주었다. 아버지는 우리 가족이 미국으로 이민을 오고 낯선 땅에서 한 단계 도약할 수 있도록 이끌어 주었다. 나는 아버지의 사랑을 한 번도 의심해 본 적이 없다. 가족의 요구를 들어주기 위해 아버지가 매 순간 얼마나 힘들게, 지칠 줄 모르고 열심히 일해 왔는지 잘 알고 있었다.

마음을 치유하고 진실과 더 깊이 연결되기 시작하면서 나는 아버지가 우리를 위해 해 준 모든 일에 사랑과 감사를 느꼈다. 더불어 나보다 힘들게 보낸 어린 시절과 가난한 이민자로서 벌여야 했던 매일의 사투가 아버지를 점점 딱딱한 사람으로 만들어 왔음을 알게 되었다. 아버지는 사랑을 자주 표현하지 않았고 가족들을 안아 주는 일도 많지 않았다. 명상을 시작하고 얼마 지나지 않아서 나는 용기를 내 우리 관계의 패턴을 바꾸기로 결심했다. 어느 날 아버지가 퇴근 후 집에 돌아왔을 때 나는 아버지를 꼭 안아 주었다. 이 포옹은 그날 이후 내가 아버지를 더 자주 껴안고 사랑한다고 말해 주는 계기가 되었다.

내가 표현한 사랑은 시간이 흐르면서 아버지 안에 쌓인 벽을 차츰 부드럽게 만들었다. 얼마 후 아버지도 나에게 사랑한다고 말하기 시작했고 조금씩 자신의 이야기를 들려주었다. 나의 취약점을 드러내 보이자 아버지와 나 사이의 관계에 변화가 생긴 것이다. 아버지는 마음을 터놓기 시작했고, 그러자 훨씬 더 진정성 있고 젊어진 느낌마저 들었다. 마침내 아버지는 나뿐만이 아니라 다른 가족도 안아 주면서 모두에게 사랑한다고 말하기 시작했다. 더 이상 아버지는 우울한 순간을 혼자서 조용히 짊어질 필요가 없다고 느꼈다. 잠깐의 포옹과 짧은 한마디 말이 우리 관계를 영원히 바꾸어 놓았다. 오늘날까지 우리는 함께 삶을 이해하면서 관계의 꽃을 피우고 있다.

내 삶을 통해서 그리고 또 주변 사람들과의 관계를 통해서 여러 차례에 걸쳐 반복적으로 확인할 수 있었던 흥미로운 사실은 관계의 변화를 위해 모든 사람이 의도적으로 내적인 치유의 과정을 거칠 필요는 없다는 점이다. 치유를 진지하게 받아들이면 내면과 소통하는 방식이 진정성을 갖게 되고 진실하게 살아갈 용기가 커진다. 그러면 나의 새로운 행동에 마음이 열려 있는 사람들 역시 열린 태도로 살아가도 괜찮으며, 자신의 취약한 면을 나에게 보여 주어도 안전하다고 느끼게 된다.

물론 사이가 먼 사람 중 일부는 내가 보이는 진정성에 혼란스러워하거나 그것을 믿지 못할 수도 있다. 그러나 정말로 나를 사랑하는 사람이라면 치유를 위해 여러 단계를 거치는 동안 서서히 달라진 나를 받아들일 것이다. 그들은 내가 최고의 모습으로 꽃피우는 중임을 알아보고 기쁜 마음으로 나를 응원할 것이다. 나의 행동 변화는 이전의 패턴을 깨부수고 다른 사람과의 사이에 공간을 열어 주는 힘을 가지고 있다. 정직성과 취약성이 환영받을 때 사랑은 더 쉽게 흐른다.

나의 어둠을 알아야 타인의 어둠과 함께할 수 있다

내면에서 일어나는 변화의 물결이 영향을 미치는 또 다른 관계는 내가 거주하는 지역사회와 생계를 위해 일하는 공동체이다. 이 넓은 관계 안에서의 상호작용은 즐거울 수도 있고 일부는 어려울 수도 있다. 자기 성찰을 통해 얻을 수 있는 이로움 중 하나는 다른 사람을 향한 더 큰 연민을 느낄 수 있다는 점이다. 미국 불교의 큰 스승 중 한 명인 페마 초드론은 다음과 같이 말했다. "연민은 치료자와 상처 입은 사람 사이의 관계가 아니다. 그것은 동등한 사람 사이의 관계이다. 자신의 어둠을 잘 알아야 다른 사람의 어둠과 함께할 수 있다. 연민은 우리가 공유하는 인간성을 깨달을 때 비로소 현실이 된다."

삶이 얼마나 어려운지, 그리고 그 어려움이 내가 상황을 인식하고 행동하는 방식에 어떤 영향을 미치는지 이해함으로써 주변 사람들에 대한 연민을 기를 수 있다. 심지어 싫어하는 사람에 대해서도, 그들이 나에게 보이는 행동이 의도와 상관없이 어딘가로부터 비롯된 것임을 이해할 수 있다. 아마도 그들의 딱딱하고 불친절한 겉모습 뒤에는 생존을 위해 이기적인 행동을 부추기는 트라우마나 비극이 자리 잡고 있을 것이다. 스스로 연민을 키우고 이를 토대로 상호작용할 때, 긴장을 줄임으로써 관련된 모든 사람에게 필연적으로 더 나은 만남을 불러올 수 있다.

자기 치유를 통해 마음의 짐을 덜면 삶을 위한 더 많은 에너지를 얻게 된다. 이는 공동체 안에서 내가 새롭게 발견한 가치와 열망에 부합하는 활동에 참여할 수 있는 정신적 여유를 가지게 됨을 의미한다. 나와의 거리가 가까워지면 공동체에 더 가까이 다가갈 수 있고, 직접적인 행동에 나설 수 있으며, 공동체를 형성하는 데 도움을 주는 역할을 맡을 수도 있다. 나아가 개인적인 투쟁을 들여다봄으로써 모든 사람이 각자 자신만의 짐을 짊어지고 있음을 알게 된다. 그러면 새로운 에너지와 연민이 어우러져 주변을 돌아보게 되고, 사람들의 괴로움을 덜어 주기 위해 할 수 있는 일이 무엇인지 찾게 된다.

관습적 진리와 궁극적 진리

내면의 지혜가 자라면 나와 세계에 대한 인식에 커다란 변화가 일어난다. 행복의 문을 여는 열쇠는 모든 존재를 관통하는 부정할 수 없는 진리, 곧 변화에 있다. 변화를 잘 이해수록 더 행복해질 수 있다. 대부분의 오래된 내적 투쟁은 변화에 대한 피상적인 이해, 즉 변화가 인간의 근본적인 본질임을 깨닫지 못한 채 그것을 밖에서 느리게 일어나는 일쯤으로 여기는 데서 비롯된다.

변화 없이는 아무것도 존재할 수 없다. 변화 덕분에 인간은 일시적으로 존재할 기회를 얻는다. 변화는 인간의 삶 자체이자 인간 조건의 핵심이다. 인간은 원자 수준에서 빠르게 변화하고 있을 뿐만 아니라 인간의 마음을 구성하는 모든 측면이 움직이는 상태에 있다. 또한 움직이는 모든 것은 변화의 상태에 있다. 이 미묘한 진리를 이해하면, 인간은 순간적인 구성물이며 존재의 이미지는 찰나의 조합임이 드러난다.

인간은 놀라운 속도로 움직이는 엄청난 복잡성의 집합체이다. 인간은 자신이 실재한다고 느끼지만 실재의 진정한 본성은 근본적으로 유동적이다. 어떤 원자가 나인가? 끊임없이 변하는 정신 상태 중 어느 것이 진짜 나인가? 찰나의 경험 중 무엇이 나인가? 나를 이루는 모든 측면을 분리한다면 그중 어떤 것이 나일까? 인간의 존재는 흐르는 강과 비슷하다. 강은 늘 그 자리에 있지만 끊임없이 변화하는 상태에 있다. 강물의 한 부분을 가리키며 저것이 강이라고 말할 때쯤이면 그것은 밀려오는 다른 물로 인해 이미 변해 있다. 비록 눈과 머리로는 이 개념을 완전히 파악하기 어렵지만 인간도 이와 같은 속성을 가지고 있다.

나라는 존재는 근본적으로 실체가 없고 고정된 무엇이 아니며, 자아는 믿을 수 없을 만큼 덧없고 환상에 가까운 것이라는 진실이 벅차게 느껴질 수 있다. 자아는 비명을 지르며 이렇게 외칠 것이다. "나는 확실히 존재해!" 그러나 마음속에 품고 있는 이미지를 지키기 위해 매 순간 나의 존재를 부여잡고 버티는 일은 지속적인 스트레스의 원천이다. '나'라는 개념은 일상적인 차원에서는 도움이 된다. 나는 여기에 살아 있고 매일의 삶을 다루어야 하기 때문이다. 하지만 궁극적인 차원에서 '나'는 실재하지 않으며, 마음의 고요함 속에서 '나'를 내려놓으면 진정한 평화를 이루는 데 필요한 유연성을 기를 수 있다.

'나'를 내려놓으면 진정한 나의 힘, 인간의 마음을 구성하는 최고의 자질에 눈을 뜨게 된다. 붓다가 '천상의 거처' 또는 사무량심(四無量心)이라고 부른 사랑, 연민, 공감, 평온함의 자질은 '나'가 없는 곳에서 번성하고 확장된다. 사랑은 너무도 강력해서 나를 보호할 수 있는 능력까지 갖추고 있다. 진정한 사랑의 힘은 내가 만만한 사람이 되도록 내버려두지 않는다. 내면에서 우러나오는 진정한 사랑을 가진 사람은 필요할 때마다 자신을 보호하기 위한 행동을 취하며, 그럴 때조차 마음속에 상대방을 향한 미움을 품지 않는다. 단지 상황을 해결하는

• 내면 치유 •

데 필요한 일을 할 뿐이다. 조화로움은 진지하게 행동해야 할 심각한 상황에서조차 또 다른 조화로움을 낳는다.

인간은 일시적으로 합쳐져 끊임없이 움직이는 마음과 물질의 복합체이지만 그럼에도 관습적인 존재는 실질적인 영향력을 가진다. 궁극적인 차원에서 인간은 근본적으로 존재하지 않지만 관습적인 차원에서는 존재한다. 이 두 가지는 모두 사실이다. 두 가지 다른 차원에서의 존재는 서로를 부정하지 않는다. 이 두 가지 진리와 균형을 이루며 살 수 있다면 자아감과 관련된 많은 불행에서 벗어날 수 있다. 사람들이 나에 대해 가질 수 있는 편협하고 불친절한 인식이 내 기분에 영향을 미치는 일이 줄어들고, 특정한 방식으로 보여지거나 경쟁을 통해 가상의 사회적 계층 위로 오르는 일이 덜 중요하게 느껴진다. 대신 진정성 있게 삶을 살아가는 일을 중요시하게 된다.

'나'라는 생각이 커지면 자아도취적이고 자기중심적인 사람이 된다. '나'라는 개념은 불친절하고 이기적으로 행동해도 괜찮다고 생각하게끔 논리를 쉽게 왜곡한다. 반대로 '나'가 줄어들면 이타심이 자라서 다른 사람과의 연결이 쉬워지고 사랑의 가능성도 더욱 커진다. 뿐만 아니라 '나'의 감각을 확장하기 위해 스트레스받는 일이 줄어들고 건강한 방식으로 살아가는 데 집중할 수 있다.

가족·친구·공동체 속에서 살아가고 있다는 관습적 진리와 나와 주변의 모든 것은 빠르게 변화하는 아원자 입자의 일시적인 조합일 뿐이라는 무상의 진리, 이 둘의 균형을 맞추는 일이 처음에는 까다롭게 느껴질 수 있다. 그러나 시간과 의도를 가지고 변화의 궁극적 진리를 활용한다면 관습적 차원에서 빠르게 쌓여 가는 스트레스를 해소할 수 있다. 현실을 일상적인 차원의 삶으로만 생각하면 금세 착각에 사로잡혀 변화의 진리가 삶에 가져다줄 수 있는 지혜와 자양분을 잃게 된다. '나'에 대한 집착을 줄이고 그것을 관찰하는 존재인 나 역시 무상한 현상임을 이해한다면, 매 순간 중심을 잡고 살아가면서 삶이라는 이 아름다운 기회를 통해 더 많은 지혜를 얻을 수 있다.

강물이 되어 흘러가자.

거대한 변화의 물결

나의 변화에 영향을 받는 마지막 관계는 세계이다. 나는 지구상에 존재하는 수십억 인구 중 한 명에 불과하지만, 나의 생각과 말과 행동은 물결을 일으켜 인류라는 공동체에 전해진다. 나의 변화는 또한 다른 많은 사람이 겪고 있는 변화를 반영한다. 자기 성찰의 물결은 단지 소수의 경험이 아니며 엄청난 규모로 일어나고 있는 전 세계적인 흐름이다. 20세기 철학자이자 현자인 지두 크리슈나무르티는 말했다. "한 사람의 변화는 수백만 명의 변화이다." 심리치료와 명상이 전 세계로 빠르게 확산되고 있는 지금 이 시기는 그의 말에 확신의 느낌표를 붙인다. 수많은 사람이 자신의 과거와 내적 혼란을 해결하기 위해 내면 세계로 들어감으로써 더 자유롭고 행복한 존재로 거듭나는 이 순간을 역사는 기록할 것이다.

수백만 명이 함께하는 내면의 변화는 의심할 여지 없이 세상에 큰 영향을 미칠 것이다. 많은 사람이 함께할 때 역사가 바뀐다는 사실은 이미 증명되었다. 미국의 공민권운동은 이를 분명하게 보여 주는 사례 중 하나이다. 이제 우리는 함께 행동하고 치유하는 일이 인류의 현재와 미래에 어떤 영향을 미칠지 알아볼 것이다. 나는 치유로부터 시작된 이 새로운 변화의 물결이 전 세계 모든 사람이 인간의 존엄성 누리는 데 필요한 기반, 곧 기아와 극심한 빈곤의 종식·접근성 높은 의료서비스·모두를 위한 훌륭한 교육 체계 등을 마련하는 데 도움이 되기를 바란다.

마음이 나와 다른 사람에 대한 사랑으로 빛날 때, 가슴속에서 연민이 피어날 때, 나의 인식이 과거의 지배를 받지 않을 때, 명료함을 얻기가 더 쉬워졌다고 느낄 때, 세상을 바라보는 방식이 근본적으로 바뀌는 건 당연한 일이다. 사랑은 존재에 조화를 가져오는 강력한 힘이다. 사랑은 다른 사람을 온화하게 대하고 그들의 삶에 조화를 가져다주기 위해 내가 할 수 있는 일을 하도록 동기를 부여한다. 오해하지 말자. 이는 자신이 가진 에너지를 모조리 써 버리라는 요구가 아니다. 다만 할 수 있는 곳에서 봉사하고 다른 사람들을 위해 기술과 에너지를 나누라는 요청일 뿐이다.

한때 사람들은 자신이 짊어진 상처를 외면하면서 세상의 많은 해악조차 견딜 만하다고 여겼다. 자신의 상처를 치유할 뚜렷한 방법이 없었기에 단지 상황이 그럴 뿐이라고 생각했던 것이다. 하지만 상처로 가득한 숲에서 스스로 길을 찾고, 인간 본성의 빛을 차단하는 조건화의 층을 벗겨 낼 용기를 가진다면 변화의 가능성을 두 눈으로 직접 목격할 수 있다. 내면의 변화가 실제로 가능함을 알게 되면 외적 변화는 훨씬 달성하기 쉬운 일처럼 느껴진다.

변화를 겪은 뒤 맑고 연민 어린 눈으로 세상을 바라보면, 세상은 불균형하며 지금보다 더 많은 친절이 필요함을 깨닫게 된다. 사람 사이만이 아니라 사람이 만든 구조 사이에도 친절이 존재해야 한다는 걸 말이다. 자애와 연민을 기르면 나의 목소리와 연결되고, 그러면 생각보다 내가 훨씬 더 강한 존재임을 알게 된다. 이러한 자기 성찰의 과정은 삶을 변화시킬 힘을 줄 뿐 아니라 다른 사람들과 함께 걷고 더 나은 세상을 만들어 가도록 용기를 불어넣는다.

더 나은 세상을 만드는 데 큰 어려움 중 하나는 대기업과 정부에 속한 사람들이 보이는 선택적 연민이다. 이들은 어떤 분야에서는 스스로를 도덕적이라고 표현하지만, 다른 분야에서는 친절과 존중에 헌신하는 대신 자신이 초래한 피해를 외면한 채 그저 시스템을 비난한다. 흥미로운 건 평소 스스로에게 높은 잣대를 들이미는 사람일지라도 일단 큰 규모의 그룹에서 일하기 시작하면 집단 복지에 도움이 되지 않는 구조를 받아들인다는 점이다. 말하자면 개인적으로는 친절하려고 노력하지만 집단 내에서는 너무도 쉽게 친절을 내팽개친다는 것이다. 집단은 변화에 대한 책임을 다른 사람에게 전가하는 경향이 있다. 이러한 책임 전가는 끝없는 악순환이 되어 진정한 변화가 일어나지 않는다. 이 악순환의 고리를 끊으려면 스스로 더 많은 개인적·집단적 책임감을 져야 한다.

우리는 사람 사이에 연민이 실재한다는 걸 안다. 우리 세대(치유 세대)의 과제는 이러한 연민을 어떻게 구조적인 차원으로 확장하느냐이다. 사랑은 더 많은 사랑을 낳는 동기가 된다. 많은 사람이 사랑에 이끌려 세상에 더 큰 화합과 평화를 가져오는 데 자기 삶을 헌신한다면, 소수에게 특권을 부여하고 다수의 사람은 부당하게 대우받는 일이 없도록 시스템을 개선하고 개발할 수 있다. 이를 위해서는 내가 먼저 사랑으로써 과감하게 행동하고, 그 사랑이 구조적 연민으로 정의되는 세상으로 이어지도록 노력해야 한다.

성찰하기

- 치유의 여정을 시작한 이후 마음속에 어떤 새로운 열망이 샘솟았는가?

- 가정이나 직장에서 나를 드러내는 방식에 변화가 생겼는가?

- 세상을 보는 관점이 바뀌었는가? 어떤 면에서 바뀌었는가? 내면의 연민이 커지면서 과거의 내가 놀랄 만한 새로운 무언가를 믿게 되었는가?

- 변화를 받아들이는 일이 내 삶과 나를 바라보는 방식에 어떤 영향을 미쳤는가? 내려놓음이 조금 더 수월해졌는가?

- 자신을 정적이라고 생각하는가 아니면 동적이라고 생각하는가?

- 치유의 여정이 시작된 이후 자아와의 관계는 어떻게 변했는가?

• 내면 치유 •

10장

•

사회는 인간 내면의 총합이다

•

나는 보스턴의 자메이카 플레인이라는 지역에서 자랐다. 재개발되기 전까지 이곳은 다양한 지역 출신의 저소득층 사람들이 모여 사는 동네였다. 내가 살던 동네에는 주로 라틴 아메리카에서 온 사람들이 살고 있었다. 주변 사람들은 거의 노동자 계층이었고 극소수만이 중산층이었다. 부유함은 TV에서나 볼 수 있는 먼 나라 이야기였다. 심지어 내가 다닌 보스턴 라틴 아카데미라는 고등학교는 당시 미국에서 다양성이 가장 큰 학교 중 하나였다. 그래서인지 비록 이민자였지만 나는 또래들 사이에서 전혀 '다른 사람'처럼 느끼지 않았다. 같은 반 친구 중 다수가 나와 같은 1세대 미국인이었고, 나와 같은 스트레스와 금전적 압박을 겪고 있었기 때문이다.

• 내면 치유 •

웨슬리언대학교에 입학하기 전까지만 해도 세상의 양극단이 존재한다는 사실이 분명하게 와닿지 않았다. 소도시 생활이 보스턴과는 다르리라 짐작했지만 그것 말고는 솔직히 다른 그림이 머릿속에 그려지지 않았다. 웨슬리언대학교에는 영화에나 나올 법한 아름다운 캠퍼스가 있었다. 하지만 캠퍼스의 자연경관을 감상하기가 무섭게 내가 알아챈 사실은 주변의 거의 모든 사람이 백인이라는 것이었다. 보스턴에 살 때 친한 친구 중 한 명이 백인이었기에 캠퍼스에 백인이 많다는 사실 자체가 큰 충격은 아니었지만, 내 친구는 그들처럼 전용기를 가지고 있지 않았다. 나는 기숙사에 있는 몇몇 학생이 전용기를 타고 학교에 왔다는 사실에 깜짝 놀랐고, 이곳은 내가 생각했던 것보다 훨씬 많은 부(富)가 존재하는 곳임을 깨달았다.

캠퍼스에서 아르바이트 일자리를 찾을 때, 기숙사에서 아르바이트를 구하고 있는 사람은 오직 나뿐이었다. 학기가 지날 때마다 점점 더 많이 들어가는 돈이나 학자금 대출에 대해 걱정하는 사람은 아무도 없었다. 그러나 나와 친구들의 통장 사정 차이보다 더 내 마음을 쓰리게 한 것은 그동안 내가 얼마나 교육적으로 소외되었으며 혜택을 받지 못했는지에 대한 자각이었다. 동기 중 대다수가 명문 사립 고등학교 출신이었고, 그 덕에 그들은 웨슬리언에서 성공적인 출발을 할 수 있었다. 반면에 나는 거의 매일 뒤처진다고 느꼈고, 대학 생활은 나보다 앞선 이들을 따라잡기 위한 투쟁의 연속이었다.

나는 대학교 동기들을 사랑한다. 아내를 비롯해 오늘날까지 가장 가깝게 지내는 친구 중 대부분을 웨슬리언에서 만났다. 그래서 과거를 바꾸고 싶은 마음이 없고, 친구들 또한 단지 그런 환경에서 자라왔을 뿐이기에 그들에게 어떠한 억울함도 품고 있지 않다. 고등학교 시절을 바꿀 생각도 전혀 없다. 웨슬리언대학교에 들어가는 데 필요한 원동력을 길러 준 곳이기 때문이다. 4년간의 대학 생활 동안 내가 겪은 빈부격차는 변화의 발판이 되어 주었고 세상이 얼마나 불균형한지를 알게 해 주었다. 세상에 존재하는 양극단에 대한 명확한 그림을 그려 주었다고 할까. 마치 세상에는 두 개의 세계가 존재하는 듯하다. 하나는 돈 문제로 어려움을 겪으면서 교육의 기회에서 소외되는 일이 자연스러운 공간이고, 다른 하나는 돈이 전혀 문제가 되지 않는 더 작은 공간이다.

세상의 불균형을 목격하면 손가락질하거나 비난하기 쉽다. 하지만 그보다 훨씬 더 삶에 도움이 되는 행동은 상황이 왜 그렇게 되었는지 원인을 파악하고 바꿀 수 있는 것들을 바꿔 나가는 것이다. 다수의 개인이 해로운 시스템을 유지하는 데 일조하고 있지만 개인을 향한 비난만으로는 시스템이 바뀌지 않는다. 보다 성공적인 접근 방식은 거시적 관점에서 세상이 어떻게 형성되는지를 바라보고 사회를 재설계하기 위해 집단적 차원에서 움직이는 것이다. 구조적 연민을 만들어 세상을 조화롭게 만들려고 노력하기 전에, 지금 내 눈앞에 있는 집단적 문제를 이해하고 그것이 인간의 마음과 연관되어 있음을 알 필요가 있다.

'위에서와 같이 아래에서도(As above, so below)'라는 고대의 문구는 사회가 어떻게 구성되어 있는지를 이해하고자 할 때 특히 참고할 만하다. 이 세상은 현재를 살아가는 인간 내면의 아름다움과 거침의 총합이다. 이 세계는 우연이 아니다. 세계는 현재 인류의 성숙도를 반영한다. 구조적 연민에 도달하는 데 가장 큰 장애물은 자아와 그것이 만들어 내는 분열과 위계이며, 따라서 사회 안정에 도움이 되는 대규모

• 내면 치유 •

치유 운동이 없이는 더 나은 세상을 만들 수 없다.

생존주의적 마음은 자기중심적이며 갈망과 혐오라는 두 가지 주요한 동기에 가려져 있어 시야가 좁다. 이 두 가지 요소가 긴장으로 마음을 가득 채우고 있지만, 과거의 반응이 계속해서 조건화를 강화하는 탓에 사람들은 투쟁의 굴레를 벗어나지 못하고 있다. 내면을 다스리고 인간 본성을 발견하기 전까지는 끊임없는 갈망과 그 갈망이 만들어 내는 두려움 외에는 다른 어떤 것에도 반응하기 어렵다. 갈망과 혐오는 무지의 산물이다. 인간은 개별적으로 존재하며 불완전한 정보를 바탕으로 결정을 내린다. 인간을 제한하는 인식과 이를 물들이는 과거를 제거하려면 의도적인 시간과 노력이 필요하기에 즉각적으로 상황을 공정하게 평가할 수 없다. 따라서 감정적 반응에 이끌리기보다 객관적으로 상황을 판단할 수 있도록 스스로를 훈련해야 한다.

자아는 태생적으로 마찰을 일으킨다. 자아는 같은 인간을 경쟁자로 보게 하고, 어떤 이들이 다른 사람보다 우위에 있는 정신적 계층 구조를 만들도록 강요한다. 아무것도 지켜야 할 게 없는 상황에서조차 방어의 수단으로 내집단과 외집단을 설계한다. 자아는 더 큰 선(善)을 위해 함께 노력하기보다 힘을 쟁취하기 위해 싸우는 상황을 만든다. 그것이 가족이나 공동체 내에서의 사회적 위치에 관한 것이든, 부에 관한 것이든, 다른 사람과 비교해 얼마나 지적이고 현명해 보이는지에 관한 것이든, 자아는 정신 에너지의 많은 부분을 차지하는 상상과 비교에 마음을 가둔다. 마음속 상상은 행동을 통해 실재가 된다. 즉 인간은 마음속 불균형과 두려움을 반영하기 위해 사회를 만들고 조형한다. 궁극적으로 인간의 집단적 자아는 시간이 지남에 따라 제도적 형태의 해악으로 굳어지는 시스템을 만든다.

• 내면 치유 •

자아는 결핍을 전제로 마음을 통제한다. 따르지 않고 게임에 참여하지 않으면 아무것도 얻지 못할 거라는 두려움에 사로잡혀 사람들이 공동체 안에서 중요한 자리를 두고 경쟁하도록 몰아붙인다. 자아는 생존에 대한 갈망에서 나온다. 단지 생존을 목적으로 한 삶은 괴로움으로 가득 찬 내면세계를 만들 뿐 아니라 외부세계에도 비슷한 종류의 긴장을 유발한다. 가혹하고 관용 없는 마음의 패턴은 사람들이 경직되고 분열하게 만들어 자유로운 사람으로서 남들과 더불어 살아가지 못하게 한다.

자아는 변덕스럽고 쉽게 타오르는 성질을 가지고 있으며 양극단 사이를 쉼 없이 오간다. 어떤 대상에 커다란 탐욕을 느끼다가도 갑자기 태도를 바꿔 다른 대상에 혐오를 느끼게 한다. 인간은 무언가를 마주할 때마다 재빠르게 그것을 평가하고, 인식은 어떤 것이 좋은지 나쁜지를 끊임없이 판단한다. 과거의 경험을 바탕으로 한 이 끊임없는 평가와 판단이 현실을 명확하게 관찰하지 못하게 한다.

관찰과 판단은 다르다. 관찰은 자기 견해를 보류하고 지금 일어나고 있는 일을 객관적으로 받아들이게 하는, 이타심과 결합된 존재 행위다. 반면에 판단은 자아의 영향을 받아 형성된 편향된 인식으로 정보를 받아들이는 것이다. 보통 평가와 판단은 반응적인 감정 에너지로 이루어진다. 만약 나의 정체성이 공격받으면 자아는 방어적으로 포효하고 마음을 긴장으로 가득 채운다. 그리고 나의 실제적 또는 상상적 영향력을 보호하는 데 도움이 될 만한 모든 수단을 동원한다.

외부의 대인관계에서 변화를 만드는 데만 집중하다 보면 사회의 뿌리라고 할 수 있는 개인에 대해 소홀해지기 쉽다. 그러나 세상을 치유하고 싶다면 사회를 재설계해야 할 뿐만 아니라 개인을 해롭게 하는 것들도 치유해야 한다. "가장 깊은 차원에서 전쟁과 기아 같은 문제는 경제와 정치만으로 해결되지 않는다. 그것의 근원은 인간 마음에 자리한 편견과 두려움이며 해결책 또한 인간의 마음에 있다." 미국의 저명한 명상 지도자인 조셉 골드스타인의 말이다. 성공적으로 세계의 평화를 이루려면 개인의 치유와 세계의 변화가 동시에 일어나야 한다. 사람들이 저마다 안고 살아가는 트라우마와 상처를 줄일 수 있다면 세상에 평화가 더 널리 퍼질 것이다.

위대한 가치를 지지하고 세상의 긍정적인 변화를 보고 싶어 하는 선한 사람들 가운데 자신의 치유되지 않은 고통과 반응적인 패턴 때문에 좌절하는 이들이 있다. 자신의 감정 이력을 제대로 알지 못하면 삶이 힘들어질 때 충동적이고 소모적인 행동을 할 수 있다. 마음을 조종하는 갈망, 혐오, 무지의 뿌리를 풀고자 시간을 내어 내면으로 들어가지 않는다면 희망의 기치를 들어 올렸다가도 이내 그것을 떨어뜨리기 쉽다.

인류가 반복해서 맞닥뜨리는 문제 중 하나는 많은 사람이 더 나은 세상, 치유된 세상을 원함에도 불구하고 지도자와 대중들이 그런 세상을 만들어 낼 만큼 충분히 치유되지 않았다는 것이다. 그럴 때 종종 더 나은 세상을 향한 시도는 애초에 제거하려고 했던 해악을 재생산한다. 더 나은 세상을 만들려는 시도가 에너지와 추진력을 얻기 시작하면 치유되지 않은 자아의 결함이 드러나는데, 이때 갈망이 여전히 마음에 뿌리를 내리고 있으면 그것이 행동을 지배하고 해를 끼칠 가능성이 있다. 권력은 내면의 가장 거친 패턴을 끌어내는 자석과도 같다. 마치 불길에 불쏘시개를 던져 넣듯이 권력은 마음의 자기중심성을 부추긴다.

자아와 삼각형 사회 구조

구조적 관점에서 사회를 바라보면 정부, 기업, 부와 권력이 삼각형을 이루고 있고 맨 위에는 아래쪽에 있는 대중을 위해 결정을 내리는 소수의 지배층이 자리 잡고 있다. 모든 자아가 지닌 위계질서에 대한 뿌리 깊은 집착은 소수가 다수를 압도하는 큰 힘을 갖도록 사회를 조직하는 데 일조했다. 자아는 특히 중앙집권적인 권력을 좋아한다. 그것이 자신에게 유리하게 작용하는 한 말이다. 특별한 리더십을 발휘할 수 있음에도 불구하고, 이러한 구조에서는 많은 사람이 자신의 능력을 사용할 기회를 얻지 못한다.

어떤 이들은 삼각형 구조가 모든 조직에 큰 효율성을 가져다준다고 주장한다. 일리 있는 말이지만, 결국 이러한 구조는 원하는 자리를 차지하지 못한 사람들의 힘을 막은 대가를 치르게 된다. 머지않아 삼각형의 꼭대기에 오르지 못한 사람들이 권리를 박탈당하고 억압받는 기분을 느낄 것이기 때문이다. 또 어떤 이들은 스스로 회사를 차리면 되지 않느냐고 쉽게 주장하기도 한다. 물론 자기 회사의 사장이 되어 삼각형의 꼭대기에 오르는 것도 방법일 수 있다. 하지만 이는 보편적이고 근본적인 해결책이 아닌 소수를 위한 방편일 뿐이다. 왜냐하면 그들 역시 대중의 운명을 좌우할 만큼 큰 힘을 가지기 위해 삼각형 구조로 회사를 설계할 것이기 때문이다.

이러한 삼각형 구조의 가장 큰 문제점은 그것이 적대감과 불화를 낳는다는 것이다. 누가 꼭대기에 서 있더라도 권력을 얻지 못한 사람은 박탈감을 느끼고, 물질적 불평등이 두드러지는 순간 부자와 권력자를 향한 분노가 커질 수밖에 없다.

• 내면 치유 •

사회운동이나 혁명의 관점에서 생각해 봐도 억압받는 자들이 권력을 얻으면 한때 자신을 억압했던 이들에게 정의의 이름으로 복수를 하는 경우가 많다. 정의와 복수는 너무 쉽게 혼동된다. 나에게 해를 끼친 사람에게 고스란히 해를 되갚는 일은 폭력의 악순환을 불러오고, 미래의 나에게 복수의 칼을 갈 분노에 찬 적을 만들 뿐이다. 승리한 집단이 이전의 압제자에게 복수하는 악순환이 이어지고 집단 간의 권력 다툼이 끊임없이 반복되는 한 사회적 충돌이 화합과 평화를 계속해서 방해할 것이다. 사람들은 종종 권력을 추구하면서 자신이 바꾸고자 했던 구조의 역학 관계 안에 갇힌다. 개인의 내면에 있는 괴로움의 근원을 해결할 때까지 이러한 해악의 악순환은 계속해서 반복된다.

본성과 원형 사회 구조

미래의 국제 사회는 권한이 널리 부여되어야 하며, 이를 실현하기 위해서는 조직을 더 유연하게 설계해야 한다. 더 많은 사람에게 힘을 분산하려면 권력과 부를 소수의 손에 넘기기보다 평등하게 공유하는 원형 구조를 고민할 필요가 있다. 원형의 사회 구조는 협동조합, 노동자 소유 기업, 공제기금을 비롯한 수평적으로 운영되는 조직을 통해 이미 어느 정도 인기를 끌고 있다. 부와 권력의 올바른 분배는 풀기 힘든 수수께끼가 아니다. 이미 성공적으로 활용하고 있는 검증된 모델이 존재한다.

사회의 원형 모델은 더 많은 사람이 법을 만들고 투표할 수 있도록 민주주의를 발전시키고 심화할 것을 요구한다. 집단의 미래에 큰

• 내면 치유 •

영향을 미치는 소수의 사람이 존재한다는 사실은 그 자체로 불만과 해악을 초래한다. 그러기보다 더 많은 사람이 국가와 지역을 위한 민주적 거버넌스에 참여한다면 인류를 치유하는 데 효과적일 것이다. 나는 권력이 공평하게 분배될 때 사람들이 얼마나 생동감 넘치는 모습으로 변모하는지를 직접 경험했다. 보스턴 청소년 단체를 조직하고 훗날 '대량 감금에 반대하는 청년들'이라는 단체에서 일하면서 사람들이 중요한 결정을 내리는 일에 참여할 때 얼마나 이를 고맙게 여기는지, 또 그 과정을 통해 얼마나 성장하는지 볼 수 있었다.

보스턴 청소년 단체의 구성원들은 학교나 도시가 안고 있는 다양한 문제에 관해 이야기 나누었다. 그런 다음 전체 회의에서 40명 정도의 인원이 투표를 통해 실제로 진행할 사안을 결정하고, 과반수가 찬성하는 사안이 있으면 이를 위한 캠페인 전략을 세웠다. 그때 나는 무엇을 할 것인지 공동으로 의사결정을 함으로써 모든 사람이 캠페인에 주인의식을 가지고 즐거운 마음으로 활동에 참여할 수 있다는 사실을 깨달았다. 구성원들은 일의 방향성을 논의할 뿐만 아니라 서로 깊은 유대감을 형성했다. 이런 자리가 아니었다면 서로 만나지 못했을 사람들 사이에 끈끈한 우정이 쌓였다.

나의 의지대로 삶을 살아가기 위해 주변 환경을 바꾸는 데 동참하는 일은 매우 진취적인 행동이다. 나는 보스턴 청소년 단체 회의에서 친구 코리나를 처음 만났을 때를 기억한다. 그녀는 수줍음이 많고 조용했다. 하지만 시간이 지나고 더 많은 책임이 주어지자 그녀 안에 있던 리더십이 깨어났다. 마침내 그녀는 단체의 모든 사람이 지도를 받고 영감을 얻기 위해 찾아가는 리더 중 한 명이 되었고, 성인이 된 지금도 대담하고 우아하게 자기 자신을 표현하고 있다. 원형적인 민주적 과정에 참여했던 경험이 그녀의 성장에 핵심적인 역할을 했다.

　상대방의 이름이나 가족, 살아온 이야기를 모르면 그 사람을 기계적으로 대하기 쉽다. 반면에 대화를 나누면서 서로가 원하는 것들 사이에 충분한 교집합이 있음을 발견하면 마음속으로부터 상대방을 인간적으로 대할 수 있다. 또한 사람들에게 공동체에 대한 권한을 부여함으로써 소외감을 해소하고 공동체에 활력을 불어넣을 수 있다. 대표적인 예가 주민참여예산제도이다. 이는 정부 자금이 지역사회에서 어떻게 쓰일지를 주민이 직접 결정할 수 있도록 만든 제도로서, 몇 년에 한 번씩 하는 투표보다 더 많은 사람을 민주주의에 참여시키는 분명한 방법이다. 타운 홀 미팅을 되살리고 그것에 권하는 부여하는 것도 유의미한 시도일 수 있다. 나의 이웃이 누구인지를 알면 그들에게 피해를 줄 가능성이 줄어들 것이기 때문이다.

　인간적인 사회를 만들려면 상황에 대한 다양한 선택지를 보장해야 한다. 만약 사람들이 삼각형 구조 안에서 행복을 느낀다면 그대로 두어도 좋다. 그러나 원형 모델을 활용해 새로운 집단과 조직을 만들고자 한다면 사회가 이를 지원해야 한다. 핵심은 사람들이 자발적으로 상황에 뛰어들어야 한다는 점이다. 우리의 임무는 모든 사람이 참여할 수 있는 기회를 늘리는 것이다. 누군가가 자신의 의지를 행사할 기회를 찾고 있다면 그렇게 할 수 있는 길이 열려 있어야 한다. 즉 사람들이 자신의 생각을 행동으로 옮길 수 있도록 사회가 이를 어떻게 지원하느냐가 관건이다. 다른 사람에게 피해를 주지 않는 한 누구라도 얼마든지 자유롭게 행동할 수 있어야 한다.

행복과 번영을 위한 과제들

변화에 대한 일반적인 반응은 두려움이다. 어떤 사람들은 사회 변화를 만드는 일에 관해 이야기할 때 이러한 반응이 더욱 두드러진다. 그러나 긍정적인 변화는 두려워할 필요가 없다. 특히 극단에서 벗어나는 것이 인류에게 좋은 일임을 이해하고 이를 토대로 적절히 제안된 내용이라면 더욱 그렇다. 극단으로의 치달음은 세계를 지금 상태에 이르게 한 주요 원인이다. 따라서 더 나은 미래를 만들기 위한 모든 변화는 균형을 염두에 두어야 한다. 여기에서 말하는 균형이란, 새로운 차원의 조화를 이루어 내길 희망하는 모든 사람에 대한 연민이다. 세계적인 문제를 다룰 때는 사회 구조에 관심과 사랑이 깃들기를 바라는 마음과 극단이 아닌 균형을 추구하는 마음으로 행동해야 한다.

현재 인류는 집단적인 영향으로 인해 전에 없던 기후 위기를 맞고 있다. 기후 불안정성은 그 자체로 심각한 문제이지만, 한편으로 이는 각자가 세계인으로서 역할을 할 수 있는 기회이기도 하다. 이 문제는 다방면으로 다루어져야 한다. 깨끗한 에너지원을 개발하고 기업들의 화석 연료 배출량을 제한하는 데서 그치는 게 아니라(탄소정보공개프로젝트의 연구에 따르면 전 세계 탄소 배출량의 70%가 단 100개의 기업에서 발생한다), 재해가 닥쳤을 때 '환자주도적 의료보험'을 어떤 식으로 적용할지를 진지하게 고민함으로써 문제에 접근해야 한다.

예를 들어 파괴적인 기후 문제에 더 큰 연민을 가지고 대응할 수 있다면, 그래서 기후 문제로 어려움을 겪는 이들이 카메라가 사라진 뒤에도 계속해서 지원과 보살핌을 받을 수 있다면, 진정한 연민이 빛을 발할 것이다. 어려울 때만 나타나는 건 사랑이 아니다. 진정한 사

• 내면 치유 •

랑은 고난이 닥치기 전에도, 고난이 지나간 뒤에도 존재한다. 사람이 다시 일어서는 데는 시간이 걸리기 때문이다. 나는 많은 사람이 혁신을 통해 낭비를 줄이고 끝없는 성장 모델에 의존하지 않는 순환 경제를 만들어 가길 바란다. 인간은 지구로부터 많은 것을 얻기만 한다. 모두의 삶의 터전인 지구를 계속해서 이렇게 극단으로 몰아간다면 머지않아 지구가 인간에게 줄 수 있는 게 얼마 남지 않을 것이다.

인종차별과 가부장제는 연민으로 직접 맞서 싸워야 할 사회적 병폐이다. 이 두 가지는 이미 많은 피해와 분열을 초래했다. 모든 사람을 위한 공평한 경쟁의 장을 만드는 게 목표라고 해서 모든 사람을 똑같이 만들어야 한다는 건 아니다. 진정한 목표는 사람들이 실제로 경기장에서 뛸 수 있도록 환경을 조성하는 일이다. 이는 불공정하게 사회를 계층화하는 역사적 흐름을 바로잡는 일이다. 억압받는 집단에 속하지 않는 사람들은 대개 더 많은 정의, 평등, 포용을 추구하자고 하면 기존의 사회 구조로부터 혜택을 받지 못한 이들이 판을 뒤집어 권력을 손에 쥐고 자신들 위에 군림하게 될까 봐 두려워한다. 이는 사실과 거리가 멀다. 인류가 장기적으로 번영하기를 바란다면 일부 집단이 다른 집단을 통제하는 낡은 게임은 끝나야 한다.

전쟁은 미성숙함을 보여 주는 가장 확실한 증거이다. 소수의 이익을 위해 다수를 희생하는 일은 전 인류에게 커다란 트라우마를 남기는 비극이다. 통제와 자존심 싸움을 위해 휘두르는 폭력은 사회를 무겁게 짓누른다. 폭력 없이 의견 차이를 해결하는 일은 인류가 진정으로 문명화되기 위해 반드시 넘어야 할 중요한 문턱이다. 만약 연민이라는 그릇 안에 서로의 의견 차이를 담을 수 있다면 모든 이의 입장을 경청하고 조화를 이뤄 낼 수 있을 것이다. 다만 이를 위해서는 패러다임의 전환이 일어나야 한다. 즉 인간의 삶은 절대적으로 귀중하며, 사회는 생명의 번영을 지원하는 방향으로 나아가야 한다고 믿는 사람들이 절대다수가 되어야 한다.

현대사회의 또 다른 큰 과제 중 하나는 소셜 미디어를 삶에 유익한 도구로 만들어 가는 것이다. 사용자에 대한 도덕성이나 연민이 없는 무분별한 알고리즘은 상상을 초월할 만큼 해로운 결과를 가져올 수 있다. 기술이 인간의 거칠고 무거운 측면을 증폭하게 두어서는 안 된다. 서로를 연결하기 위해 사용하는 소셜 미디어가 은밀하게 내면의 갈망을 부추기고 좋아하는 것만 보도록 작은 환상 속에 우리를 가두게 내버려둔다면, 갈수록 정신적 긴장이 심화될 뿐 아니라 개인의 치유와 성장 또한 제한되고 늦어질 것이다.

물론 온라인상의 인간관계를 폄하가 아닌 향상을 위해 사용한다면 더 나은 세상을 만드는 데 유용한 도구가 될 수 있다. 소셜 미디어는 사용자를 있는 그대로 반영한다. 소셜 미디어를 통해 나의 거친 모습을 보여 줄 수도 있고 사랑을 표현할 수도 있다는 말이다. 현재와 미래의 온라인 플랫폼은 자비로운 형태의 디자인을 담아 인도적인 환경으로 구축되어야 한다. 온라인 미디어 기술은 사용자가 중독되거나 외로움을 느끼는 일 없이 세상과 연결되게 하고 삶에 유용한 정보를 제공해야 한다. 이를 위해서는 모든 온라인 플랫폼 개발자가 의도적으로 사용자의 행복을 염두에 두고 프로그램을 개발해야 한다.

이러한 노력은 소수가 다수에게 힘을 행사하는 또 다른 극단을 만들려는 시도가 아니다. 내면에서 자라나는 사랑이 요구하는 것은 모두가 번영하고 각자 원하는 삶을 살아갈 수 있는 공정한 사회이다. 두 사람 간의 관계에서와 마찬가지로 거대한 집단인 인간 사회에서의 제일 목표는 서로의 행복을 지지하는 것이다. 궁극적으로 행복은 자기 내면에서 비롯되기에 어느 한 사람이 다른 사람을 행복하게 만들어 줄 수는 없다. 하지만 각자 주어진 상황을 관찰하고 필요에 따라 상황을 조율할 수 있다면 서로가 행복에 한 걸음 더 다가서게 만들 수 있다.

유사성을 갈망하는 자아는 다른 사람이 나와 같은 방식으로 생각하길 바라지만 이는 자유와 정면으로 충돌을 일으킨다. 진정으로 자유를 원한다면 다양한 관점을 이해할 수 있는 정신적 민첩성을 갖추도록 스스로를 훈련해야 한다. 초기에 서로의 견해가 같지 않을 때는 여러 사람이 머리를 맞대면 훌륭한 해결책이 나온다. 사람들에게 내가 알고 있는 것을 공유하면서 명확하게 의견을 나누면 더 나은 계획을 세울 수 있다.

세상을 바라보는 방식을 자아가 통제하게 내버려두는 건 전혀 도움이 되지 않는다. 자아는 보통 생존 모드에 있고, 21세기를 살아가는 우리는 더 이상 생존을 위해서만 살아가지 않기 때문이다. 우리는 인류가 창조한 위대한 부를 모두가 공유할 수 있는 자비로운 풍요의 시대로 들어가고자 노력하고 있다. 자아를 넘어 연민의 마음으로 생각하면 나와 가족에 대한 책임을 다하는 동시에 폭넓은 사유를 바탕으로 인류 전체를 위한 더 큰 비전에 따라 행동할 수 있다.

이 길에서 마주하는 가장 큰 장애물은 자아의 두려움과 통제하려는 욕망이다. 두려움은 풍요를 나누려는 인간의 마음을 가로막는다. 통제에 중독된 마음은 세상 사람들을 돌보고자 하면 자신의 자유와 자원을 포기해야 한다는 공포를 조장한다. 진실은 정반대이다. 주변에 괴로운 사람이 많으면 완전히 행복해지기 어렵다. 반대로 주변의 괴로움을 덜어 주기 위해 노력한다면 나를 둘러싼 집단 환경이 한결 가벼워진다. 모든 것이 완벽한 순 없겠지만 굶주림, 주택 부족, 교육 부족, 의료서비스 부족과 같은 물질적인 형태의 고통만이라도 근절할 수 있다면 모든 사람의 웰빙과 깨어 있는 관점에 확실히 긍정적인 영향을 미칠 것이다.

또한 서로를 돌봄으로써 우리는 문화와 예술을 창조하는 데 집중할 수 있는 더 많은 자유를 얻게 된다. 단지 생존만이 주요 관심사가 아니라면, 삶의 아름다운 측면에 초점을 맞추고 내면 깊은 곳에 자리한 열망을 실현하기 위해 노력할 수 있다. 번영은 건강한 마음가짐을 기르는 일만이 아니라 내가 세상에서 보길 원하는 것에 생명력을 불어넣는 일이기도 하다.

정직하게 세상을 바라보면, 이 세상을 더 나은 곳으로 만들기 위해 개인적으로 무엇을 할 수 있을지 고민하게 된다. 이를 자신의 관심사와 연결 지어 생각해 보면 세상을 바꿔 나가는 일에서 내가 어떤 영역에 적합할지 알게 된다. 무엇이 나와 세상 모두에게 이상적인 활동인가? 만약 기획자나 기업가라면 용기와 창의력을 발휘해 세상에 부족한 것을 만들어 보라. 대담한 사명을 띤 벤처 사업은 나와 뜻이 맞는 사람들을 끌어당길 것이다. 물론 모든 일을 처음부터 시작할 필요는 없다. 관심 있는 분야에 대해 더 자세히 알아보고, 이미 존재하는 조직에 들어가 시간을 할애할 수도 있다. 중요한 건 연민을 활성화할 방법을 찾는 것이다. 이는 사람마다 다르겠지만, 분명한 건 더 많은 사람이 노력한다면 인류는 반드시 긍정적인 방향으로 나아가리란 사실이다.

더 나은 방향으로 자기 삶을 변화시킨 한 사람이 세상에 긍정적인 영향을 미칠 때, 수백만 명의 사람이 자신을 짓누르는 부담을 극복해 낼 때, 과연 세상에 어떤 일이 벌어질지 상상해 보라. 치유를 진지하게 받아들인 사람은 자기 자신과 다른 사람에 대한 균형 잡힌 연민을 갖는다. 이들은 극단적인 상황에 휩쓸리지 않고, 할 수 있을 때 사랑과 지지를 베풀며, 자기 내면의 연료 탱크를 가득 채우는 일 또한 잊지 않는다.

현대인의 과제는 피상적인 것 너머에 있는 깊고 미묘한 진실을 바라보는 일이다. 우리는 매일 특정 감정을 유발하도록 고안된 한입 크기의 세상에서 정보의 홍수에 빠져 살고 있다. 매 순간 접하는 정보에 감정을 휘둘리기 쉽지만, 이는 건강에 해로울뿐더러 자기 내면의 힘을 기르는 데도 도움이 되지 않는다. 디지털 세상은 인간의 다양한 감정 스펙트럼을 마치 피아노처럼 연주하며 가지고 논다. 너무 쉽게 감정을 조종하는 프로 축구와 일부 TV 프로그램의 시청을 그만두라는 내 아내 사라의 농담 섞인 말이 그저 흘려들을 이야기만은 아니다.

현대인이 접하는 대다수 정보는 객관적이지 않으며, 그 배경에는 특별한 목적을 지닌 내러티브가 숨겨져 있다. 많은 정보가 조회 수와 시청률을 높이기 위해 단순화되고 선정적인 어조로 표현된다. 우리는 진실은 희소하고 관심은 넘쳐나는 시대에 살고 있다. 관심이 곧 돈이 되는 시대에 콘텐츠들은 진실을 말하기보다 관심거리를 생산하는 데 열을 올리고, 그런 가운데 잘못된 정보가 만연하고 있다. 달리 말하면 그만큼 나의 관심은 소중하며 이를 얻기 위해 디지털 세상 전체가 경쟁하고 있다는 뜻이다. 이를 분명하게 이해한다면 나의 관심을 어디로 향하게 할지 더욱 신중하게 마음을 기울이게 될 것이다. 무엇을 믿고 받아들일지를 주체적으로 선택하고 싶다면, 즉 디지털 세상에서 고립되고 악용되지 않으려면 비판적이고 의도적인 태도를 가져야 한다.

앞으로 나아가야 할 길

양극단의 격차를 없애고 균형을 맞춰야 할 분야 중 하나는 전 세계의 빈곤과 부의 불평등이다. 현대는 부의 수준이 가늠할 수 없을 만큼 비약적으로 높아진 시대다. 이 시기에 연민을 통해 인간의 존엄성을 재확인함으로써 삶의 우선순위를 바로잡을 필요가 있다. 즉 삶에 필요한 기본을 충족하는 데 에너지를 집중해야 한다. 식량, 물, 일자리, 의료, 주거지, 교육, 자유 등은 인간이 살아가는 데 필요한 근본적인 요소이지만 여전히 이를 누리지 못하는 사람이 많다. 세상의 모든 사람이 번영에 필요한 이러한 요소를 충분히 누리기 전에는 완전히 문명화되었다고 말할 수 없다.

대중에게 서비스를 제공하는 제품과 플랫폼을 만들 때는 이것들을 어떻게 다루어야 할지 진지하게 숙고해야 한다. 이제 더 이상 열악한 환경에서 일하고, 과도한 시간 동안 일하고, 노동에 대해 부당한 보수를 받으며 일하는 사람이 있어서는 안 된다. 인류가 정말로 성숙했다는 신호는 극심한 빈곤을 줄이고자 노력하고, 어떤 산업 분야에서건 일한 만큼 정당한 보수를 받는 시스템을 만들어 가는 사람들의 존재이다. 누구나 기본적인 수준의 인도적 대우를 받을 자격이 있다. 그러려면 인간의 존엄성을 지지하는 일이 인류의 새로운 임무가 되어야 한다. 자원은 충분하다. 필요한 건 의지다. 누군가가 굶주리고 집을 잃고 보살핌을 받지 못할 가능성이 있는 시스템을 계속해서 밀고 나가서는 안 된다.

인류가 창출한 부는 더 균등하게 배분되어야 한다. 그렇다고 부를 창출하고 재정적으로 성공할 능력을 제한해야 한다는 건 아니다. 단지 엄청난 부를 가진 사람들이 공동체의 발전을 위해 사회에 공정한 몫을 되돌려 줄 책임이 있다는 뜻이다. 사람들은 공산주의를 두려워하지만 자본주의 또한 두려워한다. 사랑이 결여된 논리로 남에게 해를 끼쳐도 되는 이유를 추론해 내는 극단적인 생각은 파멸의 길로 들어서는 신호이다.

지금 필요한 건 균형이다. 인류를 자유로 이끌고 인권을 세계적으로 확장할 수 있는 중간 경로를 찾기 위해 우리의 이념 가운데 가장 좋은 것을 끌어내야 한다. 그 일환으로 빈곤이 더 이상 인간 투쟁의 일부가 되어서는 안 된다. 사람들은 개인의 독립성과 사회적 유동성을 뒷받침하는 방식으로 돈을 벌어야 한다. 그렇게 할 때 모두가 부유해질 거라는 말이 아니다. 모든 사람이 자신의 존엄성을 유지할 수 있는 사회를 만들어 가자는 의미이다.

인간은 서로를 필요로 한다

연민을 개인적 차원에서 집단·사회적 차원으로 확장하는 일은 인류가 성숙해지기 위해 극복해야 할 주요 장애물 중 하나이다. 구조적 연민이란 현재 존재하는 구조적 해로움에 대한 반대 개념으로서 종종 이는 사회에서 간과된다. 사회적 병폐를 바로잡고 정부, 기관, 기업이 일반 대중과 상호작용하는 방식에 균형을 맞추기 위해 함께 행동하는 것이 이 시대를 살아가는 사람들이 직면해야 할 과제이다. 성숙함

• 내면 치유 •

의 척도는 나를 대하는 방식만이 아니라 다른 사람을 어떻게 대하느냐에 따라서도 달라진다. 이윤 추구는 오늘날 지구상에서 사회를 이끄는 주요한 동력 중 하나인데, 앞으로 이는 인간의 존엄성을 높이기 위한 노력으로 대체되어야 한다. '돈보다 사람이 먼저다'라는 말을 실현하려면 무엇보다 인간의 번영을 중심에 두어야 한다.

구조적 연민은 탐욕이 아닌 사랑이 더 많이 드러나도록 세상을 재설계하는 운동이다. 이는 혁명이 아니라 더 많은 인류가 물질에 대한 치열한 투쟁 없이 살아갈 수 있도록 의도적으로 방향을 바꾸는 일이다. 더 넓은 지원 네트워크를 구축해서 사람들이 필요한 것에 손쉽게 접근하고 내적·외적으로 성공할 수 있는 더 많은 기회를 제공하려는 시도이다. 세상을 살아가면서 이러한 구조적 연민을 비전으로 품는다면 자신이 속한 조직에서 긍정적인 변화를 이끌어 낼 수 있다.

구조적 연민은 투쟁이 아니다. 능숙하고 평화적인 수단을 통해 이루어질 장기적인 비전이다. 자비로운 세상을 만드는 건 모두에게 좋은 일이다. 상처받는 사람이 적어지고, 모두가 안전해지며, 더 많은 승리와 축하와 기쁨이 뒤따를 테니 말이다. 나뿐만이 아니라 내 가족, 내 이웃, 나아가 인류 전체가 잘 지내고 있음을 알게 되면 훨씬 더 쉽게 평화를 누리고 행복해질 것이다.

구조적 연민은 다 함께 정의하고 실현해야 할 아이디어다. 이것은 모든 인간의 기본적인 필요에 의해 인도된다. 어느 한 개인이 이를 달성하기 위한 정확한 방법을 제시할 수는 없으며, 지금 세상에 존재하는 어떤 이론이나 교리도 구조적 연민이 세계 무대에서 어떻게 전개되어야 하는지 결정할 수 없다. 하지만 다음과 같은 몇 가지 질문을 스스로에게 던짐으로써 지금 내가 올바른 방향으로 나아가고 있는지 확인할 수 있다.

> 지금 이 행동이 피해를 줄여 주고 있는가?
> 지금 이 행동으로 인해 더 많은 사람이 번영하고 있는가?
> 지금 이 행동이 개인의 자유를 지지하는가?
> 인간의 행복을 지원하기 위해 어떤 사회 구조를 만들 수 있을까?

자유는 구조적 연민에서 특히 중요한 요소이다. 인간은 의심할 여지 없이 서로 연결되어 있으며 본질적으로 집단적인 성격을 가지고 있다. 인간은 서로를 필요로 하며 서로의 존재 없이는 성공할 수 없다. 인간의 집단적 본성을 무시하고, 내가 하는 일이 주변에 영향을 미친다는 사실을 외면하는 일은 더 이상 선택 사항이 아니다. 인간이 지구의 건강과 장기적인 생존 가능성에 초래한 수많은 곤경이 이를 증명한다.

자유는 인간의 집단적 본성과 연결되어 있으며, 전체를 제대로 돌보지 않으면 개인은 번영할 수 없다. 많은 사람이 겪고 있는 괴로움을 외면하면 그것이 점점 자라나 마침내 나를 잠식한다. 진정으로 자유로워지길 원한다면 인류가 하나의 큰 가족 공동체임을 깨달아야 한다. 가족을 돌보는 마음으로 서로를 보듬는다면 머지않아 내가 바라는 행복과 편안함의 정점에 이를 것이다.

한 가지 주의해야 할 점은 '집단으로서의 인류'라는 개념을 극단적으로 받아들이지 말아야 한다는 것이다. 개인이 사라질 정도로 집단에 집중해서는 안 된다. 우리는 누구보다 자기 자신이 되어야 한다. 원하는 대로 창작하고, 창작물을 통해 이익을 얻고, 자신이 선택한 분야에서 일하고, 사회적 유동성의 자유를 누려야 한다. 그러지 못하는 사회는 실패한 사회다. 다만 더 큰 공익을 위해 재원이 마련될 수 있도록 각자의 몫을 공유하고, 다수의 필요를 충족하는 데 도움이 되는 공동의 사회적 목표를 가져야 한다. 위로부터 내려오는 권위는 삶을 완전히 통제할 수 없다. 스스로 자기 삶을 만들어 갈 수 없다면 자유로울 수 없다. 권위주의는 결코 해답이 될 수 없다.

역사적으로 볼 때 개인의 자유가 지나치게 강조되면 다수의 고통이 무시되었다. 반대로 집단의 가치에만 초점이 맞춰지면 개인의 권리가 사라진다. 따라서 이 둘 사이의 균형점을 찾아야 한다. 그래야만 극단에 빠지지 않고 안정적이면서 번영하는 사회를 건설할 수 있다. 사람마다 처한 상황이 다르기에 안전만큼이나 개인의 자유도 확실히 보장되어야 한다. 동시에 전 세계로 연민을 확장해야 한다. 그렇게 할 때 한 번도 만난 적은 없지만 공통점이 많은 다른 사람에게 진심으로 마음을 열고 공감할 수 있다.

금세기의 거대한 도전 과제에 대처하는 유일한 길은 모두가 함께하고 있음을 온전히 인식하고 행동하는 것이다. 인간 본성에 가까이 다가갈 때 비로소 다른 사람과 본질적으로 연결될 수 있다. 우리는 다른 사람의 이야기가 나의 이야기와 크게 다르지 않음을 안다. 누구나 마음속에서 어려움을 겪고 있으며, 누구나 슬픔·두려움·기쁨·불안 등 감정의 스펙트럼 사이를 오가며 산다는 걸 알고 있다. 또한 다른 사람을 보면서 삶이란 결코 만만한 게 아님을, 모든 사람이 과거로부터 무거운 짐을 짊어지고 있음을 알고 있다.

다른 사람의 치유를 진지하게 받아들이는 사람은 연민의 주체가 된다. 그런다고 해서 세상을 치유하는 일이 그 사람의 유일한 목적이

• 내면 치유 •

되지는 않는다. 이는 세상의 고통을 덜어 주는 일에 마음이 열려 있음을 의미할 뿐이다. 어떤 길로 가야 할지는 각자 다르게 보일 것이다. 사람은 저마다 고유한 능력과 책임 의식을 가지고 있기 때문이다. 내가 가진 것을 다른 사람과 나누기 위해 기부를 할 수도 있고, 세상을 더 나은 방향으로 바꾸려는 단체나 운동에 동참할 수도 있다. 길은 여러 갈래이다. 작은 친절이 차이를 만들 듯이 작은 시간을 내어 원대한 프로젝트에 참여하면 직접적인 변화를 가져올 수 있다.

　다른 사람에게 해를 끼치는 일은 자기 내면의 평화 역시 방해한다. 다른 사람을 도울 수 있음에도 아무것도 하지 않으면 마음이 심란해지고, 다른 사람이 힘들어하는 모습을 보면 내 마음도 상처받는다. 사랑은 놀라운 확산력을 가지고 있다. 더 많은 사랑을 만들어 내고, 내가 속한 상황에 조화를 불러오고, 가능한 곳에 균형을 전파하도록 영감을 준다. 사랑은 끝없는 개혁가가 되라고 요구하지 않는다. 내가 가진 재능과 활용할 수 있는 수단으로 누군가를 돕기를 바랄 뿐이다. 다만 다른 사람을 돕는 일에 사명감을 가지되, 이를 내면에서 일어나는 일을 회피하는 수단으로 삼지 말자. 좋은 일에도 자아와 오래된 고통이 개입할 수 있다. 내면의 일은 내가 세상에서 하는 일과 나란히 함께 가야 한다. 그러지 않으면 번아웃에 빠질 위험이 있다.

　금세기 인류는 인종차별과 가부장제를 없애고, 모든 형태의 전쟁을 종식하며, 기후 변화의 해악을 줄이고, 세계적인 소득 격차를 해소하며, 빈곤의 수렁에 갇힌 세계인들을 일으켜 세워야 하는 어려운 도전에 직면해 있다. 다행스럽게도 그와 동시에 인류 역사상 가장 큰 치유 운동이 일어나고 있다. 치유 세대는 앞으로도 계속 확장되어 세계 무대에서 자리 잡을 것이다. 마음의 힘과 집단적 에너지를 적극적

　　　　　　　　　　　　　　　　　• 내면 치유 •

으로 활용하고, 진정한 인간 본성에서 나오는 풍부한 창의력을 발휘한다면 한계를 뛰어넘어 세상에 균형을 가져올 수 있을 것이다.

인류가 직면한 도전은 결코 만만치 않지만 '어떻게 이 모든 걸 해결할 수 있을까' 하는 부정적인 생각에 압도되지 않는다면 얼마든지 해 볼 만하다. 이는 자기 내면을 들여다보고 마음을 치유하는 노력에서 시작된다. 치유되어 가벼워진 마음은 오래된 문제를 새로운 방식으로 볼 수 있게 해 주는 용기와 창의력의 원천이다. 우리는 인류가 더 고차원적인 형태의 창의력으로 연결되는 새로운 생명력의 시대, 그 출발선에 서 있다.

나를 치유하는 일은 더 나은 개인의 삶과 세상을 위해 모두가 기다려 온 변화의 열쇠이다. 외부 문제의 해결책을 외부에서 찾는 데 익숙한 사람에게 이는 직관에서 벗어난 일처럼 보일 수 있다. 그러나 오래된 과거의 패턴을 풀고 마음을 열어 매 순간 분명하고 솔직하게 존재하면 내면 깊은 곳에 있는 잠재력이 힘을 발휘한다. 치유는 세계 평화를 현실로 만들어 준다. 다만 내 안의 슬픔을 덜어 내지 않으면 세상의 균형을 추구하는 순간에도 혼란이 일어날 수 있다. 눈앞에 맞닥뜨린 외부 문제를 해결하기 위해 완전히 치유되기를 기다릴 필요는 없다. 내면과 외부의 문제는 동시에 다루어져야 한다.

성찰하기

- 나에게 구조적 연민이란 어떤 의미인가? 어떤 방식으로 세상이 더 자비로워지길 바라는가?

- 각종 뉴스거리와의 관계는 어떠한가? 세상에서 일어나는 일에 압도되지 않으면서 계속해서 그것에 관심을 기울일 수 있는가?

- 어떤 방식으로 연민을 실천하는가? 특별히 관심을 갖고 있는 문제나 활동이 있는가? 그 문제를 다루는 단체 중에서 지속적으로 지켜보고 응원하고 싶은 단체가 있는가?

- 일상에서 언제 연민을 느끼는가? 친구들 사이에서? 가족으로부터? 인생을 살아가며 마주치는 사람들로부터?

- 내가 책임자라면 현재 세상이 돌아가는 방식 중 무엇을 바꾸고 싶은가? 사랑을 중심으로 변화를 꾀한다면 어떤 식으로 세상을 재설계하고 싶은가?

- 이 사회의 문제점이 무엇이라고 생각하는가? 어떤 문제가 나에게 직접적인 영향을 미치는가?

- 어떠한 방식으로든 문제 해결에 이바지한 적이 있는 가? 반대로 어떠한 방식으로든 문제를 초래한 적이 있는가?

- 내가 원하지 않을 때도 자아가 위계질서를 만들려고 하는가? 치유의 여정에서 얻은 도구들이 다시금 연민과 연결되는 데 어떻게 도움이 되는가?

- 미래는 더 인간적인 세상이 되리라 희망을 주는 것은 무엇인가?

• 내면 치유 •

11장

•

세상은 간절히 변화를 바라고 있다

•

모든 인류를 일깨우고 싶다면
먼저 자신의 모든 것을 일깨워라.
세상의 고통을 없애고 싶다면
먼저 자기 안에 있는 어둡고
부정적인 것들을 제거하라.
진정으로 자기 자신에게 주어야 할 가장 큰 선물은
스스로의 변화이다.

- 노자

내 삶이 완벽하진 않지만, 개인적인 치유 여정을 시작하기 전과 지금

• 내면 치유 •

마음이 움직이는 방식 사이에는 분명한 차이가 있다. 여전히 나는 우울, 내면의 투쟁, 마음이 긴장으로 가득 차는 순간을 경험하지만 예전과 달리 이타심이 커지고 다른 사람의 입장에서 상황을 바라보는 능력이 깊어졌다. 지나치게 자기중심적이었던 과거에는 연민에 기초한 사고가 낯설었지만, 이제는 가슴에 중심을 둔 접근 방식으로 더 쉽게 전환할 수 있게 되었다. 지금도 자아는 그 자리에 있지만 그 옆에는 무아의 진리가 편안하게 자리 잡고 있다. 더는 평화가 불가능하게 느껴지지 않고 매일 명상을 할 때마다 조금씩 그것이 쌓여 가고 있다. 아마도 나와 같은 여정을 걷는 대부분의 사람이 그러할 것이다.

더 나은 삶으로 가는 길은 점진적인 과정이어서 때때로 과거의 나와 미래의 나 사이 어딘가쯤에 서 있는 듯한 느낌을 받는다. 비록 이 여정을 통해 깨달음을 얻지는 못할지라도 마음이 가벼워지는 것만은 분명하다. 한 걸음 한 걸음 앞으로 나아가다 보면, 과거는 그동안 내가 얼마나 많은 것을 극복해 왔는지를 상기시켜 주는 오래된 기억으로 전환될 것이다. 나에게 중요한 것은 앞으로 나아가고 있다는 사실 그 자체이다. 어떤 날은 고작 몇 발자국밖에 내딛지 못하는 날도 있지만 그조차 나에게는 의미 있는 걸음이다.

이러한 치유의 여정이 없었다면 '융 푸에블로'는 존재하지 않았을 테고, 나는 전 세계 수백만 명의 사람들에게 가 닿지 못했을 것이다. 융 푸에블로의 성장이 나의 개인적인 성장과 맞물려 있다는 사실이 흥미롭다. 매일 명상을 하기까지 모든 것이 천천히 성장했고, 중독성 약물을 끊음으로써 또 한 번 나는 성장했다. 첫 20일 명상 수련 과정을 마치고 나자, 마침내 첫 번째 책을 출간하는 데 필요한 충분한 정신적 안정을 얻을 수 있었다. 30일 과정을 시작한 뒤에는 정말이지 모든 일이 잘 풀렸고 인스타그램 팔로워 수가 기하급수적으로 증가했다.

여기서 한 가지 확실히 해 두고 싶은 게 있다. 나는 작가가 되거나 명성을 얻기 위해 명상을 하는 게 아니다. 갈망에서 벗어나 해방의 길로 한 걸음씩 나아가기 위해 꾸준히 명상을 실천하고 있다. 그럼에도 명상이 나의 글쓰기와 창의력 증진에 도움을 준다는 사실은 부인하기 어렵다. 만약 내가 명상에 전념하지 않았다면 지금 이 순간 독자들과 이런 의미 있는 대화를 나누지 못했을 것이다. 내면의 여정을 거치지 않았다면 내면의 창의성에 접근할 수 없었을 테니 말이다.

나는 지금껏 여러 도시에서 강연을 해 왔고, 영감을 주는 많은 사람과 교류하면서 치유 여정이 큰 인기를 얻고 있음을 실감하고 있다. 점점 더 많은 사람이 지금이야말로 깊은 내면의 여정에 뛰어들 때임을 알고서 자기만의 길을 찾고 있다. 많은 이들이 내가 걸어온 길을 지나고 있다. 그들은 치유를 통해 자기 힘을 일깨우고, 자기 자신과 다른 사람을 위해 그 힘을 사용하고 있다. 이렇듯 치유하는 사람들의 마음과 정신을 통해 진정한 인간 본성이 사회 전면으로 떠오르고 있다. 이타적인 사랑으로 생각하고 행동하는 능력을 키우는 사람들에게서 미래에 대한 희망을 발견한다.

내가 할 수 있는 일

한 사람 안에서 일어나는 조화의 힘만으로는 확실한 변화의 물결을 일으키기 힘들지만 여럿이 함께라면 가능하다. 혼자서 세상을 바꾸려고 애쓰지 말자. 아무리 노력해도 혼자서는 세상을 바꿀 수 없다.

세상의 균형은 공동의 노력을 통해 이루어진다. 내가 다른 사람을 위해 할 수 있는 최선의 일은 스스로를 치유하는 것이다. 무엇보다 이것이 우선이다. 세상에 봉사하기 위해 완전히 치유될 필요는 없음을 명심하자. 내면의 여정을 이어 가는 동시에 변화의 촉매제가 될 수 있다. 내면으로 들어가면 자애가 다른 모든 존재를 향한 사랑의 문을 열어 주고 사랑이 활성화된다. 그러면 나에게 맞고, 나의 강점을 살리며, 나의 재능과 능력에 부합하는 방식으로 행동할 수 있게 된다.

나를 바꾸는 일에 집중하는 게 전부다. 마음이 차분해지고, 알아차림이 커지고, 긴장이 완화되고, 잘 쉬면서 영양분을 섭취하면 행동이 더 능숙해지고 행복한 마음으로 강력한 창의력을 발휘하게 된다. 때로는 인생이 소용돌이치고 상황이 혼란스러워지더라도 치유를 포기하지 말자. 성장이라는 샘에서 삶의 굴곡을 헤쳐 나가는 데 필요한 지혜가 샘솟을 것이다. 치유의 여정에 충실하면 올바른 방향으로 나아갈 수 있다. 나를 일으켜 세우고 마음속 혼란을 잠재우면 다른 이들 또한 일으켜 세울 수 있다. 마음의 긴장이 줄어들수록 나를 통해 세상에 더해지는 해악의 양이 줄어든다는 단순한 진리를 믿자. 내 안에 평화가 늘어날수록 세상의 평화 역시 늘어난다.

스스로 치유의 주체가 됨은 상호 연결된 인류의 그물망 안에서 잠재적인 해악으로부터 벗어나는 일이다. 이는 결코 작은 성취가 아니다. 모두를 위해 할 수 있는 최고의 일 중 하나이다. 마음을 사랑으로 가득 채우고 온화하게 존재하는 법을 배움으로써 남에게 해를 끼칠 수 있는 잠재적인 가능성을 제거하는 일은 매우 가치 있는 행동이다. 다른 사람에게 피해를 주지 않겠다는 확고한 의지를 가지고 살아가면 마음에 풍요로운 안정이 찾아온다.

치유를 진지하게 받아들이면 더 나은 세상을 상상할 수 있다. 세상에 대한 사랑을 느낀다면 크게 꿈꾸고 그 꿈을 이루기 위해 행동하자. 지금은 소심하게 행동할 때가 아니다. 그런 시대는 끝났다. 인간의 집단적 무지가 만들어 낸 문제들에 대한 용기 있는 응답이 필요하다. 인류는 근시안적 사고와 분열을 계속할지, 아니면 통합의 씨앗을 뿌리고 서로의 운명이 깊게 얽혀 있음을 볼 것인지의 기로에 서 있다. 지금껏 인류는 경이로운 세상을 만들어 왔기에 위대한 일을 할 수 있는 존재임을 스스로 잘 알고 있다. 이제는 모든 사람이 개인적이고 집단적인 특별한 재능의 결실을 누릴 수 있도록 사회 기반에 연민을 불러와야 한다.

용기 있는 자가 영웅이 된다

인간이 새롭고도 위대한 일을 해낼 수 있을지 의심하는 이들이 많다. 내면의 변화가 가능하다는 사실을 의심하는 사람, 세상을 개선하는 일이 현실적이지 않다고 생각하는 사람도 분명히 있을 것이다. 또 어떤 사람은 자신의 한계를 인정하지 않고 의식하지 못한 과거의 고통이 미래에 대한 생각을 지배하도록 내버려둘 것이다.

이러한 의심에 직면할 때는 모든 것을 지금 그대로 유지하는 일이야말로 비현실적임을 믿어야 한다. 치유 세대인 우리의 임무는 인간 본성에 대한 접근을 계속해서 확장하고, 의심으로 가득 찬 사람들의 부정적인 태도가 나의 꽃피움을 가로막지 못하게 하는 것이다. 무슨 일이 있어도 나와 세상을 치유하는 방향으로 나아갈 것이며, 몇몇 사람들이 방해하더라도 나의 역할을 다하리라 굳게 다짐해야 한다.

• 내면 치유 •

이것은 더 나은 미래로 가는 열차이다. 원하는 사람이 있다면 함께할 수 있으며, 그렇지 않다고 해도 건전한 방식을 통해 내가 할 일을 묵묵히 해 나가야 한다.

지금이야말로 많은 인류가 성장할 시점이라고 결심해야 할 순간이다. 그동안 의식적·무의식적으로 만들어 낸 불평등하고 지속 불가능한 사회에 대해 책임을 져야 한다. 물론 이 모든 것이 우리 잘못은 아니다. 우리는 이 세상과 사회 구조의 상당 부분을 과거 세대로부터 물려받았다. 그러나 나의 정신적 고통이 모두 내 잘못이 아니듯이 그것을 받아들이고 치유하는 일은 여전히 우리의 책임이다.

솔직하게 말하면 이 도전을 받아들이는 것 외에 다른 선택지는 없다. 오래된 트라우마를 치유하고 과거를 넘어서는 삶에 대해 배우는 모든 사람이 해결책의 일부이다. 비록 세상 그 누구에게도 완벽함을 기대할 순 없지만 각자 자신의 내면에 헌신하는 일로써 그것을 대신할 수 있다. 이로부터 진화에 열려 있고 감정적으로 더 성숙한 사람, 즉 나와 세상을 위해 넓은 연민을 품은 사람이 나타날 것이다. 맹목적인 반응에 지배받지 않는 그들이 바로 영웅이다.

무엇이 나를 위한 삶인가

많은 것이 균형을 잃고 많은 사람이 괴로워할 때 나의 마음은 혐오의 악순환에 갇히기 쉽다. 적으로 보이는 상대에게 전략적으로 큰 피해를 주는 것이 문제를 해결하는 길이라고 생각할지 모르지만 폭력으로는 무엇도 끝낼 수 없다. 폭력에 의존하면 나중에 보복의 형태로 더 많은 폭력이 일어나고 이는 상처 입는 사람을 늘릴 뿐이다. 이것은 그동안 인류가 수없이 빠져든 함정이다. 역사적 폭력의 수렁에서 벗어나는 데 가장 중요한 수단은 사랑, 용서, 이해이다. 폭력으로는 아무것도 고칠 수 없다는 진리를 온전히 받아들여야 한다. 폭력은 마음을 불안정하게 하고 누군가가 뒤쫓을지 모른다는 두려움으로 항상 어깨너머를 돌아보게 만든다.

세상은 사랑으로 이루어져야 한다. 사랑은 우주에서 가장 강력한 건축 재료이며, 조건 없는 사랑은 아무도 적으로 삼지 않는다. 사랑하면 상처받게 될 거라고 두려워하는 사람이 있지만 전혀 사실이 아니다. 사랑에는 신비한 힘이 있어서 나와 다른 사람을 보호해 준다. 물론 살다 보면 좋지 않은 날도 있고 스스로를 다독여야 할 때도 있지만 두려워할 필요는 없다. 인간의 존엄성과 집단적 삶의 질을 향상하기 위해 거침없이 변화를 만들어 가자. 사랑은 열려 있고 변화를 포용하며 또한 유연해서 모두가 그 결실을 누릴 수 있다. 목표는 영원토록 완벽한 유토피아의 건설이 아니다. 그것은 불가능하다. 단지 우리는 더 적은 사람이 상처받는 세상을 만들기 위해 노력할 뿐이다. 사랑의 목적은 인류가 한 가족임을 일깨우는 것이다.

사랑은 내가 세상에서 구현하고자 하는 중요한 요소들을 개인의 내면에서 길러 준다. 사랑은 힘을 실어 주고 자유를 지지하며 서로를 이해하도록 격려한다. 또한 위계질서를 지향하지 않고 모든 사람을 가치 있는 존재로서 동등하게 대하며 영혼에 자양분을 공급한다. 사랑은 누구에게도 해를 입히지 않는다. 그것은 항상 분열과 두려움을 넘어서고자 한다.

우리 앞에는 두 가지 큰 목표가 있다. 하나는 개인으로서 치유 여정을 시작하는 일이고, 두 번째는 집단으로서 사랑의 특성을 반영하

• 내면 치유 •

●

이 세상에서

증오는 증오를 쫓아내지 못했다

오직 사랑만이 증오를 물리친다

이것이 법(法)이다

오래되고 무궁무진한 법이다

-《법구경》

는 세상을 설계하는 일이다. 가장 힘든 건 치유의 여정을 시작하는 일이다. 그러나 일단 한번 시작하고 나면 투자한 만큼 분명한 결과를 볼 수 있기에 치유를 이어 나가기가 훨씬 수월하다. 이 여정을 계속해 나가면 내면의 조화를 이루는 과정에서 큰 이로움을 얻을 수 있다.

반면에 무엇이 더 나은 세상으로 가는 올바른 길인지 명확히 알 수 없다는 점 때문에 두 번째 목표는 달성하기가 만만치 않다. 세상의 괴로움을 줄이려는 사명감이 있더라도 그 목표에 도달하는 일은 전혀 별개의 문제이다. 이는 같은 비전과 가치를 공유하는 사람들, 개인과 세상의 치유 사이의 연결고리를 이해하는 사람들의 자발적인 움직임을 통해 탐색되어야 한다. 궁극적으로 미래는 앉아서 기다리기보다 적극적으로 세상을 만들어 가려는 대담한 이들에 의해 설계될 것이다. 비록 더 나은 세상으로 가는 정해진 길은 없지만 그 길을 찾을 수 있는 몇 가지 안내등이 있다.

사심 없이 서로의 말을 경청하기. 누구나 각자의 관점이 있다. 그러므로 일부러라도 서로의 입장이 되어 생각해 볼 필요가 있다.

가치관 고수하기. 내가 하는 일과 내가 속한 세계가 권한을 분산하고 사랑을 퍼뜨리고 해악을 줄이려는 목표에서 멀어진다면, 이는 잘못된 방향으로 가고 있는 것이다. 나의 가치관을 고수하면 상황이 어려워질 때 혼란을 피할 수 있다. 중요하다고 여기는 가치에 깊이 헌신하면 올바른 궤도에 머물도록 직관이 나를 도와준다.

나의 관점과 생각을 따르되 집착하지 않기. 차이를 위한 여유 공간을 마련하고 더 나은 생각은 받아들이는 겸손함을 지녀야 한다. 겸손은 통제하려는 자아의 충동을 제거하는 데 도움이 된다. 자아는 종종 다른 사람보다 나의 견해가 옳다고 설득하려 한다. 우월한 기분은 자아

• 내면 치유 •

가 승리하고 있음을 의미한다. 반대로 마음에 겸손이 깃들면 긍정적인 확장에 열려 있는 셈이다. 미래를 만들어 갈 때 상황에 따라 모든 것이 달라지겠지만, 매 순간 직관과 가치관이 그 일이 나와 세상을 위한 일인지 아닌지 알려 줄 것이다.

서로를 비인간화하지 않기. 역사적으로 한 집단의 사람들에게 큰 피해를 가하기 전에 또는 피해가 발생하기 전에, 억압받는 집단을 비인간화함으로써 가해자 집단의 해악을 정당화하려는 시도들이 있었다. 이는 두 번 다시 반복해서는 안 될 인류 역사의 패턴이다. 자아는 어떤 사람이 다른 사람보다 열등하다는 함정에 너무 쉽게 빠져든다. 치유를 이어 가면 이처럼 음험하고 교활한 자아의 함정에 빠지지 않을 수 있다.

정체성을 확장하고 유연하게 만들어서 스스로를 인류라는 가족 구성원으로 볼 수 있으면 분열에서 벗어날 수 있다. 가족, 역사, 국적 등 나의 정체성을 이루는 데 중요하다고 여겨지는 모든 요소를 계속해서 존중해야 한다. 그리고 여기에 한 가지를 더해야 한다. 바로 '나'는 '인간'이라는 사실이다. 모든 사람이 이 사실을 알고 있지만 온전히 이해하면서 살아가지는 않는다. 모든 나라 사람들이 서로를 형제라고 인식한다면 어려운 시기에 서로에게 조금씩 인내심을 발휘하고 해로운 극단으로 치닫지 않을 것이다. 전체로서의 나를 보기 위해 개인의 정체성을 지울 필요는 없다. 다만 통합적인 태도로 함께 노력할 필요가 있다. 경쟁 대신 협력을 삶의 지침으로 삼으면 사회를 보다 원형적이고 분권적으로 재설계할 수 있고, 더 많은 사람이 자원과 의사결정을 공유할 수 있다.

인간은 자신이 알고 있는 것에 집착하는 경향이 있어서 변화를 두려워한다. 그것이 거칠고 불만으로 가득한 삶일지라도 말이다. 내가 알고 있는 것은, 심지어 혐오하는 것일지라도 은밀하게 편안함을 가져다준다. 미지에 대한 두려움은 끊임없이 위대한 일을 가로막는다. 진정으로 개선될 가능성이 있어도 두려움 때문에 앞으로 나가지 못할 수 있다. 실제로 모든 행동에는 위험이 따른다. 세상에 100% 확실한 건 있을 수 없다. 그렇다고 두려움이 생각과 행동을 제한하게 내버려둔다면 그것을 온전한 삶이라고 말할 수 있을까? 스스로 물어보자. 마음속에 품고 있는 생각이 진정한 행복을 가져다주지 못한다면 그것을 간직할 가치가 있는가? 만약 세상을 바라보는 시선이 긴장으로 가득 차 있다면, 그때야말로 좋은 일이 일어나도록 더 희망적인 자세를 취해야 할 때이다.

인류와 세계는 안팎으로 간절히 변화를 바라고 있다. 무언가 새로운 게 필요한 때가 아닐까? 바닥까지 내려가 본 사람이라면 그 느낌을 알 테지만, 세상과 인류가 다 같이 바닥을 치고 실패하길 기다리는 건 선택지에 없는 일이다. 그것은 대재앙이다. 대신 현재 상황에 책임감을 가지고 성숙함으로 세상을 이끌어야 한다. 번영하기 위해서는 반드시 서로가 필요하다는 사실을 기억하자. 우리는 결속력과 연대 의식을 가지고 함께 행동해야 한다.

성찰하기

• 어떻게 계속해서 치유를 최우선 과제로 삼을 것인가? 스스로 최고의 삶을 살고, 세상이 필요로 하는 긍정적인 변화에 보탬이 되는 마음 치유의 여정에 전념하고 있는가?

• 내가 속한 공동체는 어떤 모습인가? 친구들 사이에 서로의 치유를 지지할 수 있는 마음의 공간이 있는가? 서로에게 영감을 주고 있는가?

• 지치거나 균형을 잃지 않으면서, 어떻게 더 나은 세상을 만드는 데 기여할 것인가? 나를 해치지 않으면서 다른 사람을 도울 수 있는 길을 찾았는가?

• 스스로 얼마나 큰 힘을 가지고 있는지 알고 있는가? 그 힘을 되찾기 위해 아직 더 해야 할 일이 있는가?

• 치유의 여정을 시작할 때와 지금의 나는 얼마나 다른가? 지금까지의 여정에 진정으로 감사하는 시간을 가져 보았는가? 삶에서 내면의 승리를 축하할 만한 여유를 가지고 있는가?

●

내면으로의 여행에 전념하며

인류라는 이름의 그물망 안에서

나의 모든 문제와 이야기를

목표로 삼아 나아가리

충만한 자기 알아차림으로

충만한 연민으로

꾸준한 수련을 통해 끈기 있게

내가 짊어진 모든 긴장과 짐을

내려놓으리

●

더 많이 내려놓음으로써

더 적게 상처받음으로써

더욱 가볍고 행복한 기분으로

마주하는 모든 이들과 하나되리

나는 개인적인 치유는 물론 구조적으로 자비로운 세상을 만드는 일 또한 가능하다고 믿는다. 이 둘은 끊을 수 없는 연결고리를 가지고 있으며, 이 모든 것이 '나'로부터 시작된다. 내 마음이 가벼워질수록 세상도 가벼워진다. 그러니 각자 자신에게 맞는 치유법을 찾아보길 바란다. 꾸준히 그것을 실천하고, 깊이 파고들고, 여유를 가지고, 거듭해서 내려놓고, 일관성을 유지해 보라. 다른 사람이 내가 하는 일을 이해하지 못한다고 해도 걱정하지 말자. 마음이 덜 긴장되고 반응의 강도가 줄어들고 있다면 올바른 방향으로 가고 있는 것이다. 나의 길은 다른 누구의 길과도 같지 않다. 의심이 들 때마다 이 사실을 떠올리면서 내면의 평화를 키우는 방향으로 용감하게 계속 걸어가자.

친절로써 세상을 이끌어 가자. 나의 진짜 이야기는 오직 나만이 알고 있다. 다른 모든 사람, 특히 잠시 스쳐 가는 낯선 사람들의 이야기는 알 수 없는 미스터리다. 그러나 그들을 친절하게 대할 줄 아는 수준 높은 태도를 갖자. 친절은 난폭하게 행동하는 이들조차 무장해제시키는 힘이 있다. 다른 사람이 나를 좌지우지하거나 나에게 해를 입히지 않게 하면서 얼마든지 세상을 향해 부드럽게 걸어갈 수 있다. 친절은 사랑으로의 이끎이다. 다른 사람에게 베푸는 사소한 다정함이 나의 치유와 내면의 평화에 얼마나 큰 도움이 되는지를 알면 깜짝 놀랄 것이다. 사람들을 잘 대하면 자책이나 후회가 남지 않아서 마음이 평온해진다. 내면에 평화가 가득한 상태에서 의도적으로 남에게 해를 끼치는 일은 불가능하다. 따라서 삶에 조화를 이루고 싶다면 내가 맺고 있는 관계 속에 의도적으로 화합의 씨앗을 심어야 한다.

누군가를 도울 수 있을 때 돕되 무리하지 말자. 관심 있는 사회 활동이나 사회적 이슈를 찾아보고 거기에 주의를 기울이자. 가진 것을 기부하고, 바른 견해를 지지하고, 단체에 시간을 투자하고, 신념을 표현하고, 새로운 해결책을 만들거나 밖으로 나가 시위에 참여함으로써 관심을 표현할 수 있다. 다른 사람과 세상에 도움을 줄 방법은 많이 있다. 스스로를 압도하지 않는 선에서 할 수 있는 일을 찾기만 하면 된다. 지치는 일 없이 얼마든지 변화의 일부가 될 수 있다.

외부 환경에 영향을 미치는 가장 큰 내적 변화 중 하나는 상황이 나아질 수 있음을 아는 것이다. 자기 치유, 관대함, 친절함, 자애, 평등, 연민 어린 행동 같은 일련의 가치에 중심을 두면 조화로운 세상을 만들고자 노력을 기울이는 과정에서 이것들이 길잡이 역할을 해 준다. 진심으로 대규모의 연민이 가능하다고 믿는다면 더 많은 사람이 이 일에 동참하도록 격려할 테고, 그로부터 사회 구성의 변화가 일어날 것이다. 변화를 이루기에 앞서 그것이 가능함을 믿어야 한다. 변화의 주체가 되는 단 한 가지 방법이란 없다. 사람은 모두 다른 능력을 가지고 있다. 따라서 더 나은 미래를 건설하려면 각자가 고유한 방식으로 자기 몫을 다해야 한다. 누가 세상에 더 관심이 있고 누가 가장 영향력 있는 일을 하는지 서로 경쟁해서는 안 된다. 전 세계적인 치유 과정에서 서로를 지지하는 데 에너지를 써야 한다.

인생의 우여곡절로 인해 삶의 아름다움을 목격하고 그 기쁨에 참여하는 기회를 놓치지 말자. 개인의 삶과 세상을 위해 앞으로 다가올 날들이 중요하다. 이 여정에서 쉬운 일은 하나도 없다. 치유는 영웅들의 영역이며, 앞으로 발을 들이는 모든 힘든 상황이 반드시 승리로 끝나지는 않을 것이다. 이 길에는 좌절, 눈물, 가슴 아픈 일이 있을 테지만 또한 삶을 바꾸는 뜻밖의 경험과 자유와 엄청난 발전도 있을 것이다. 나와 세상은 반드시 변한다. 그 궤적이 더 큰 조화를 이루도록 목표를 설정하자.

자기 치유에 집중하면 그로부터 다른 모든 것이 흘러나온다. 그리고 내면에서 발견한 빛이 무엇이 나에게 중요하고 어디로 가야 하는지를 선명하게 보여 준다. 스스로를 변화시킬 수 있는 능력과 인류라는 이름의 가족을 믿자. 우리는 세상을 바꿀 수 있다. 나를 바꿀 수 있기에, 변화가 세상의 전부이기에 그렇다. 치유가 더 나은 미래를 열어 줄 것이다. 서로가 배려하는 편안함 속에서 살아가는 자유로운 세상, 그곳에 이르는 순간 마침내 인류는 성숙할 것이다.

· 내면 치유 ·

내

면

치

유

2024년 6월 15일 초판 1쇄 발행

지은이 융 푸에블로 • 옮긴이 권혜림
발행인 박상근(至弘) • 편집인 류지호 • 편집이사 양동민
책임편집 양민호 • 편집 김재호, 김소영, 최호승, 하다해, 정유리 • 디자인 쿠담디자인
제작 김명환 • 마케팅 김대현, 김선주, 이선호 • 관리 윤정안
콘텐츠국 유권준, 정승채, 김희준
펴낸 곳 불광출판사 (03169) 서울시 종로구 사직로10길 17 인왕빌딩 301호
　　　대표전화 02)420-3200 편집부 02)420-3300 팩시밀리 02)420-3400
　　　출판등록 제300-2009-130호(1979. 10. 10.)

ISBN 979-11-7261-013-5 (03180)

값 20,000원

잘못된 책은 구입하신 서점에서 바꾸어 드립니다.
독자의 의견을 기다립니다. www.bulkwang.co.kr
불광출판사는 (주)불광미디어의 단행본 브랜드입니다.